Ursula Wölfel
Joschis Garten

Von Ursula Wölfel sind außerdem in den Ravensburger
Taschenbüchern erschienen:

MET 54   Das blaue Wagilö
RTB   2   Fliegender Stern
RTB 154 Sinchen hinter der Mauer
RTB 191 Julius
RTB 566 Der rote Rächer
RTB 821 Die grauen und die grünen Felder

Ursula Wölfel

Joschis Garten

Otto Maier Ravensburg

Lizenzausgabe
als Ravensburger Taschenbuch Band 224,
erschienen 1972

Die Originalausgabe erschien 1965
im Hoch-Verlag, Düsseldorf
© 1965 Hoch-Verlag, Düsseldorf

Illustrationen: Heiner Rothfuchs
Umschlagillustration: Bettina Wölfel

Alle Rechte dieser Ausgabe vorbehalten durch
Ravensburger Buchverlag Otto Maier GmbH
Gesamtherstellung: Ebner Ulm
Printed in Germany

20   91

ISBN 3-473-39224-3

Inhalt

7 Fremde Gärten

25 Zwei Verträge

41 Graben, Säen und Bauen

55 Robinson und Dienstag

83 Das Gartenfest

96 Wolken

114 Der Bagger

Fremde Gärten

Langsam drehte sich der Rasensprenger, und bei jedem Umschwung trieb der Wind den Saum der Wasserfahne über den Zaun. Ein Junge stand dort, den Kopf zurückgelegt, den Ranzen schräg über der linken Schulter. Mit beiden Händen hielt er sich an den Latten fest. Manchmal, wenn ihm ein Wassertropfen aus dem strähnig-dunklen Haar in den Hemdkragen rann, schüttelte er sich und zog wie frierend die Schultern zusammen, aber er hielt

sein Gesicht ganz unbewegt in die kleinen, hellen Regenschauer und betrachtete blinzelnd den fremden Garten.
Es war Mai. In den Beeten vor dem Haus blühten Schwertlilien und Akeleien, Pfingstrosen und Margeriten, und dicht neben ihm, am Zaun, der Busch mit den überhängenden Zweigen war wie mit einem Schnee von weißen Blüten bedeckt. In der Mittagsstille war nichts zu hören als das auf- und abschwellende Rauschen, wenn der Tropfenregen über die Blätter strich, und in den Bäumen hinter dem Haus hin und wieder ein leiser, leichter Vogelruf.
Da sagte eine Frau: „Hallo, du da! Guten Tag!"
Der Junge stieß sich vom Zaun ab.
„Guten Tag", sagte er. Die Frau kniete nicht weit von ihm bei einem Beet mit abgeblühten Tulpen. Der Strauch hatte sie verdeckt.
Sie fragte: „Wohnst du hier in der Nähe? Ich habe dich schon oft gesehen. Wie heißt du?"
„Joschi", sagte er und fuhr sich mit dem Arm über das nasse Gesicht.
„Gefällt dir unser Garten? Habt ihr auch einen?"
„Wir?" fragte er. „Einen Garten?" und schüttelte den Kopf. „Wenn ich einen Garten hätte —!" Er kam wieder näher an den Zaun, hob beide Arme und schrieb mit gespreizten Fingern einen Halbkreis in die Luft: „Mein Garten ist anders. Wie ein Wald, wie ein Urwald. Ringsum ist alles zuge-

wachsen, man kann nicht von der Straße hineinsehen. In der Mitte ist eine Wiese mit Blumen, aber es gibt keinen Weg und keine Beete. Ein Bach läuft durch meinen Garten, und am Ufer wachsen solche Blumen wie diese dort."
„Schwertlilien?" fragte die Frau. „Aber die mögen es lieber trocken."
„So ähnliche", sagte Joschi. „Und dann habe ich eine Hütte in meinem Garten, nein, eigentlich zwei. Eine ist oben in einem Baum, man muß mit einer Strickleiter hinaufklettern. Dort sitze ich manchmal und lese. Die andere Hütte steht zwischen den Bäumen in meinem Wald, ein kleines Blockhaus ist das. Drinnen gibt es nur ein Heulager, eine Bank und einen Tisch. Einen Ofen habe ich auch, damit ich mir etwas kochen kann. Neben der Hütte ist nämlich der Gemüsegarten, da habe ich Radieschen und Salat gepflanzt und Möhren und Erbsen, auch ein paar Kartoffeln. Meistens zünde ich den Ofen in der Hütte gar nicht an, draußen habe ich nämlich eine Feuerstelle, nur aus Steinen, mit zwei Astgabeln, in die man den Kochtopf hängen kann. Abends ist es besonders schön in meinem Garten. Dann rauschen die Bäume, und ich sitze mit meinen Freunden am Feuer, und wir singen und erzählen uns Geschichten. Dann gehen sie nach Hause, und ich schlafe in meiner Hütte, und draußen glüht das Feuer noch ein bißchen, und ich habe keine Angst, wenn die Nachtvögel schreien. Mor-

gens wasche ich mich am Bach und koche mir Kaffee. Dann arbeite ich in meinem Garten. Oder ich sitze oben in meinem Baumnest und lese. Aber da habe ich nicht viel Zeit."
„Du mußt ja auch zur Schule gehen", sagte die Frau. Sie lächelte.
„Ja", sagte er. „Natürlich."
„Und deine Eltern erlauben dir, daß du nachts ganz allein im Garten schläfst?"
„Ich habe doch gar keinen Garten", sagte Joschi. Er schnickte den Ranzen hoch, warf den Kopf in den Nacken und rannte fort. Die Frau rief ihm noch etwas nach, aber er bog schon um die Straßenecke und lief zur Autobushaltestelle hinunter.
An der Trinkbude kaufte er sich eine Flasche Limonade und eine kleine Packung Keks.
„Nachmittagsschule?" fragte der Mann hinter dem Schalterfenster.
Joschi schüttelte den Kopf. Er setzte sich auf die Bank neben dem kleinen Holzhaus. Der Mann kam heraus und steckte neue Zeitungen in den Ständer.
„Ich dachte nur", sagte er, „weil du immer noch mit dem Ranzen herumläufst. Wohnst du hier?"
Joschi sog am Strohhalm und drehte den Kopf weg.
„Stockfisch!" sagte der Mann. „Kannst du nicht antworten, wenn man dich etwas fragt?"
Joschi steckte die Kekspackung in die Hosentasche

und stellte die halbleere Flasche auf die Bank. Er stand auf und sagte: „In der Schillerstraße wohne ich."

„Und was tust du hier draußen?" fragte der Mann. „Deine Mutter wartet bestimmt schon mit dem Essen auf dich."

„Die ist im Büro", sagte Joschi. „Die kommt immer erst abends nach Hause."

Er ging zur Haltestelle, schlang den Arm um den Pfahl mit dem Fahrplankästchen und wippte langsam vor und zurück.

Er fuhr bis zur Stadtmitte. In den Geschäftsstraßen war es jetzt ruhig. In einem der großen Kaufhäuser ließ er sich von der Rolltreppe bis zur Gardinenabteilung unterm Dach und wieder ins Kellergeschoß und noch einmal hinauftragen. Im Vorübergleiten sah er einen Jungen aus seiner Klasse, Gerhard, den sie den Flabes nannten, wegen seiner großen, abstehenden Ohren. Er stand mit seinen Eltern bei einem Stapel Hemden, und der Vater hielt ihm etwas grellbunt Gestreiftes vor die Brust. Der Flabes reckte den Kopf und betrachtete sich im Spiegel.

„Affe!" sagte Joschi. Die Rolltreppe trug ihn weiter.

Oben, in der Gardinenabteilung, lief er eine Viertelstunde zwischen Stoffballen und Teppichrollen umher. Dann ging er die Treppe hinunter. Bei dem Tisch mit Hemden standen nun andere Leute. Jo-

schi wartete, bis er an der Reihe war, dann fragte er eine Verkäuferin: „Was kostet dieses Hemd?" und tippte dabei auf das Buntgestreifte.
Es gab viele davon, in allen Größen.
„Elffünfundneunzig", sagte sie.
Er nahm seinen Geldbeutel aus der Hosentasche und sagte: „Ich möchte es haben."
Sie wandte sich zu einer Kundin und sagte: „Du bist noch zu klein. Du kannst nicht allein deine Kleider kaufen. Wenn dir das Hemd so gut gefällt, mußt du mit deiner Mutter wiederkommen."
„Die hat doch keine Zeit", sagte Joschi.
Sie hörte nicht auf ihn.
Er ging auf einem Umweg nach Hause, zuerst durch die Anlagen an der alten Stadtmauer, und setzte sich auf dem Kinderspielplatz zu den Kleinen in den Sandkasten.
„Ihr müßt nicht immer nur Kuchen backen", sagte er. „Jetzt baue ich eine Burg, oder nein, einen Garten."
Anfangs sahen sie ihm zu und bewunderten ihn, wie er mit ihren Schaufeln den Sand lockerte, ihn mit einem Brett glättete und kleine Hügel und Täler entstehen ließ. Dann wollten sie ihm helfen, aber er verbot ihnen, zu ihm in den Kasten zu klettern.
„Ihr zertrampelt alles", sagte er. Nun brach er Zweige von den Büschen und steckte sie in den Sand.

„Das darfst du nicht", sagte eine Frau. „Und die Kleinen wollen auch spielen. Du kannst nicht den ganzen Sandkasten für dich allein haben."
Joschi antwortete ihr nicht und brach neue Zweige ab. Nun kamen andere Frauen dazu, sie schalten mit ihm, und ein alter Mann sagte: „Das sage ich dem Wärter. Und er läuft jetzt noch mit dem Schulranzen durch die Stadt, ein Herumtreiber ist das!"
Joschi warf die abgerissenen Zweige in den Sand und ging fort.
Gleich hinter der Stadtmauer war das Hallenschwimmbad. Fernher drang in den dunklen Vorraum ein brausendes Geräusch von bewegtem Wasser und hallenden Rufen. Joschi verlangte an der Kasse eine Karte für Einzelkabine.
„Du bist doch ein Junge", sagte das Mädchen hinter dem Schalter. „Du kannst in die Sammelkabine gehen."
„Aber ich will eine Einzelkabine", sagte Joschi.
Achselzuckend legte sie den Abschnitt auf den Zahlteller.
„Ach!" rief er. „Jetzt habe ich mein Geld vergessen!"
Und lief hinaus und klimperte dabei laut mit den Münzen in seiner Hosentasche.
Drei Uhr war es jetzt. Er machte sich auf den Heimweg.
In der Mörikestraße begegnete ihm Flabes, und er

hatte wahrhaftig das neue, grellbunt gestreifte Hemd schon angezogen.
„Papagei!" sagte Joschi.
„Findest du es nicht schön?" fragte der Flabes. Sofort wurden seine großen Ohren rot. „Du hast recht, es ist viel zu bunt."
„Aber Papageien sind doch hübsche Vögel!" rief Joschi. „Und so klug! Genau wie du!"
Noch roter wurden dem Flabes die Ohren, sie standen wie zwei leuchtende Segel links und rechts an seinem unglücklichen Gesicht.
„Ich bin doch dumm", sagte er. „Du kannst alles viel besser als ich."
„Das muß ich auch", sagte Joschi und stopfte beide Hände in die Hosentaschen. „Das ist wichtig für mich."
„Für mich wäre das auch wichtig", sagte der Flabes. „Mein Vater ist immer furchtbar wütend, wenn ich so schlechte Zeugnisse habe."
„Dein Vater!" sagte Joschi. „Der soll still sein! Der hat dir doch dieses komische Hemd ausgesucht."
„Aber woher weißt du das?"
„Ich weiß eben alles", sagte Joschi. „Mach dir nichts draus."
Laut pfeifend ging er weiter.
Er kam nur selten durch die Mörikestraße. Es gab hier keine Läden, keinen Spielplatz, noch nicht einmal eine Straßenbahn- oder Autobushaltestelle,

nichts, wo man stehenbleiben und zugucken konnte, nur graue, hohe Miethäuser, ein Polizeirevier, eine Kohlenhandlung im Hinterhof eines häßlichen roten Backsteinhauses und daneben, an der Ecke zur Lessingstraße, ein verwildertes Trümmergrundstück.
Vor dem halb niederliegenden Drahtzaun räkelte sich ein junges, dreifarbiges Kätzchen in der Sonne. Joschi bückte sich und wollte es streicheln, aber es fuhr mit ärgerlichem Fauchen hoch, schlüpfte unter dem Zaun durch und sprang in einen Weidenbusch. Auf den dünnen Zweigen konnte es sich nur schlecht halten, rutschte immer wieder ab und blickte halb wütend, halb ängstlich zu dem Jungen herab.
„Dummerchen", sagte er. „Ich will dir doch nichts tun."
Und sah dann, schon im Weitergehen, ein Schild neben dem Busch, vom Regen verwaschen und von Zweigen halb verdeckt:

BAUGRUNDSTÜCK (2050 qm)
zu verkaufen.
Näheres bei C. Allemann, Eisenwaren
Neckarstraße 17

Lange stand Joschi davor. Dann warf er den Ranzen über den Zaun und kletterte hinterher. Das Kätzchen schoß im Zickzack durch die Büsche davon; er beachtete es nicht mehr. Mit rudernden

Armen, geduckt und manchmal auf allen vieren kriechend, drang er in das Dickicht ein, und die Zweige schlugen rauschend hinter ihm zusammen.

Einmal mußte er ein verfilztes Dorngestrüpp umgehen, ein andermal über einen Stapel zusammengerutschter Trümmersteine klettern. Hier hatte früher ein Haus gestanden, der Kellereingang war noch zu erkennen, aber man hatte ihn zugeschüttet. Gras und niedrige Büsche wuchsen auf der geborstenen Decke. Dahinter gab es hohe Bäume, eine Buche mit silbrigem, gedrehtem Stamm, eine gewaltig ausladende Kastanie und viele Birken. Feinhaariges, dunkles Waldgras wuchs unter den Bäumen, kein wildes Gestrüpp mehr, und nun war auch ein Pfad zu erkennen. Es mußte aber lange niemand darauf gegangen sein, so überwuchert war er von saftig grünem, gelbblühendem Kraut.

Wenige Schritte weiter kam Joschi zu einer Lichtung. Sie war kaum größer als das Klassenzimmer in der Schule. Ringsum schloß wieder der Buschwald sie ein, dahinter stand im Osten dunkel und steil eine Wand von Tannen. Im Süden war an einer Stelle die rote Backsteinmauer des Kohlenhofes zu erkennen, nach Westen verlor sich der Pfad wieder in dichtem Unterholz.

Langsam wanderte Joschi um den freien Platz. Er fand eine alte Feuerstelle mit verkohlten Holz-

resten und daneben eine schmutzige Flasche, Papierfetzen und eine aufgeweichte Zigarettenschachtel. Mit dem Fuß schob er die Abfälle zusammen. Die Tannenhecke, das sah er jetzt, gehörte zu den Grundstücken im Herderweg, der parallel zur Mörikestraße verlief. Dahinter mochten Gärten sein, zu erkennen war nichts. An der Mauer zum Kohlenhof stand ein rostiger Eimer, umgestülpt, mit lehmigen Spuren auf dem durchlöcherten Boden. Joschi warf ihn ins Gebüsch.
Im Weitergehen pflückte er einen Strauß von dornigen Zweigen mit roten Blüten. Und dann sah er die Gartenlaube. Sie war so von einem breitblättrigen Schlinggewächs überwuchert, daß sie wie ein grüner Hügel aussah. Das Dach war eingebrochen, die Wände aus gekreuztem Lattenwerk schwarz vermorscht, aus den gesprungenen, übereinandergeschobenen Fußbodenplatten wuchsen Weiden- und Birkenbüsche. Aber die vier Eckpfosten standen noch fest. Er rüttelte daran. Er lachte plötzlich laut auf, weil er neben der Laube einen Wasserhahn sah und darunter ein Brunnenbecken. Brennesseln wuchsen in der zerbrochenen Schale, früher war sie wohl einmal weiß gewesen.
„Aus Marmor!" flüsterte Joschi. „Ich habe einen marmornen Brunnen!" Doch der Hahn am Ende des Leitungsrohres ließ sich nicht bewegen.
„Das kriegen wir schon", sagte er laut.

Dann lag er auf der Lichtung in der Sonne. Neben ihm blühte ein Brombeerstrauch, es gab überhaupt viel wildwuchernde Brombeeren hier. Hohe gelbe Gräser, dürr und knisternd, standen über dem frischen Gras. „Das wird gemäht", sagte Joschi und strich mit den ausgebreiteten Armen darüber.
Ein Auto fuhr in der Mörikestraße, irgendwo fern bimmelte eine Straßenbahn, ein Fenster klappte. Er zog die Kekspackung aus der Tasche und schob die süßen, knusprigen Plätzchen eins nach dem anderen in den Mund.
Da rief es: „Ist da jemand? Hier liegt ein Ranzen!"
Er schluckte, griff nach den Blütenzweigen und sprang auf.
„Meiner ist das! Ich komme!"
Nun lief er den Pfad entlang, der endete an der Lessingstraße bei einem rostigen Tor, das nur mit einem losen Drahtende verschlossen war. Als Joschi zur Straßenecke kam, sah er, wie ein Polizist sich mühte, den Ranzen unter dem Zaun hervorzuzerren.
„Also deiner ist das", sagte er. „Wie heißt du? Und was hast du dort drinnen zu suchen?"
„Joschi, nein, Joachim heiße ich. Joachim Stritter. Ich habe mir nur alles angesehen und ein paar Blumen gepflückt."
„Aber man darf nicht einfach über Zäune klet-

tern und in fremden Grundstücken Blumen pflücken."

„Es ist zu verkaufen. Das steht auf dem Schild. Dann muß man es sich auch ansehen dürfen."

„Willst du es kaufen?" fragte der Polizist und lachte. Er war noch jung und hatte freundliche Augen.

„Ja", sagte Joschi. „Ich habe viel Geld gespart, hundertneununddreißig Mark. Eigentlich wollte ich mir ein Fahrrad kaufen, aber ein Garten ist schöner."

„Für hundertneununddreißig Mark? Was meinst du, was solch ein Baugrundstück kostet? Frag deinen Vater."

„Darf ich jetzt gehen?" fragte Joschi.

„Lauf!" sagte der Polizist und gab ihm den Ranzen. „Aber laß dich hier nicht noch einmal erwischen. Wenn du mir nicht einen Kaufvertrag zeigen kannst, wirst du verhaftet!" Er lachte.

„Auf Wiedersehen", sagte Joschi. Er schwenkte den Blumenstrauß und rannte fort.

„Amsel, Drossel, Fink und Star", sang er, als er die Haustür aufschloß. Auf der Treppe begegnete ihm Frau Brasnik aus dem zweiten Stock.

„Junge!" rief sie. „Jetzt erst kommst du nach Hause!"

„Ja", sagte Joschi. „Guten Tag", und schlug schnell die Wohnungstür hinter sich zu.

Er warf den Ranzen in sein Zimmer, riß das

Küchenfenster auf und beugte sich weit hinaus. Hinter Dächern und Mauern, dort, wo Mörikestraße und Lessingstraße sich kreuzten, wehte ein kleiner grüner Schopf von Zweigen im Himmel. Von der Kirchturmuhr schlug es vier. Er suchte eine Vase für die Blumen und stellte den Strauß ins Wohnzimmer, auf den kleinen Tisch neben dem Klappbett der Mutter.

Am Suppentopf schnupperte er nur und schob ihn wieder zurück in den Kühlschrank. Er aß ein paar Löffel Pudding und stand wieder am Fenster. Schließlich nahm er sein Rechenheft aus dem Ranzen und zeichnete auf die letzte Seite ein Viereck. Mit Buntstiften malte er ihm einen breiten dunkelgrünen Rand, in die Mitte ein Halbrund von hellerem Grün. Er setzte rote, gelbe und blaue Tupfen hinein und schrieb darunter: „Mein Garten". Mit einer Stecknadel heftete er das Blatt auf die Tapete über seinem Arbeitstisch.

Nun schlug es fünf. Er begann, unruhig durch die Wohnung zu wandern, öffnete und schloß die Fenster, rückte die Blumen nach rechts, nach links, hielt im Badezimmer den Kopf unter den Wasserhahn und lief mit wirren nassen Haaren wieder in sein Zimmer.

Er zeichnet am vierten Gartenplan, als die Mutter kam. Er lief ihr entgegen und nahm ihr die Tasche ab.

„Hast du eingekauft?" fragte er.

„Dumme Frage. Aber wie du wieder aussiehst! Dein Hemd! Deine Haare!"
„Ach so", sagte er und kämmte sich vor dem Garderobenspiegel. Er sah, wie sie ins Wohnzimmer ging und ihre Handtasche und ein Päckchen auf den Tisch legte. Im Vorübergehen streifte ihr Rock den Blumenstrauß.
„Ich habe mich nämlich unter einen Rasensprenger gestellt", sagte er. „Deshalb sieht das Hemd so zerknittert aus. Ein wunderbarer Garten war das, draußen in der Vorstadt."
„Und daran, daß ich alles wieder waschen und bügeln muß, denkst du gar nicht", sagte sie. „Ich muß gleich wieder fort. In der Tasche ist Obst und Buttermilch. Und geh nicht so spät schlafen. Ich weiß nicht, wann ich zurückkomme."
„Könnten wir nicht auch einen Garten haben?" fragte Joschi. „In der Mörikestraße ist ein Grundstück zu verkaufen."
Die Mutter stand hinter der Schranktür und suchte aufgeregt in den Fächern. „Hast du meinen roten Gürtel gesehen?" fragte sie.
„Als du ein Kind warst, hattest du auch einen Garten", sagte Joschi.
„Einen Garten willst du haben? Unsinn. Wir brauchen keinen Garten."
„Ich möchte aber so gern einen haben."
„Ich auch. Man kann nicht alles bekommen, was man haben möchte."

Sie ging ins Badezimmer, und wieder streifte ihr Rock den Blumenstrauß. Joschi lief ihr nach und sah zu, wie sie ihre Lippen nachzog. Er sagte: „Tante Herta hat einen Garten, Sauers haben einen, unser Lehrer hat einen, viele Kinder in meiner Klasse haben Gärten."
„Sei endlich still davon. Ich habe nein gesagt."
Wieder ging sie ins Wohnzimmer. Sie tat etwas in ihre Tasche.
„Kinder mit Vätern haben Gärten", sagte Joschi. Sie hörte es nicht, weil das Taschenschloß zuschnappte.
„Sei brav, Joschi. Gute Nacht." Sie wollte ihm einen Kuß geben, aber er drehte den Kopf weg. Sie sagte: „Denk nicht mehr daran. Morgen hast du wieder einen anderen Plan. Ich muß mich beeilen."
Sie stand an der Tür und zog Handschuhe über. Joschi sah ihr zu, er biß sich auf die Lippen. Laut tropfte in der Küche der Wasserhahn, und dann schrillte die Klingel, zweimal kurz, einmal lang.
„Geh schon!" sagte Joschi. „Laß den gnädigen Herrn nicht warten."
Da kam sie einen Schritt auf ihn zu. Sie hob die Hand mit dem weißen Handschuh und schlug ihm ins Gesicht.
Laut klapperten ihre Absätze auf den steinernen Stufen im Treppenhaus. Die Haustür fiel ins Schloß. Ein Auto fuhr an.

Vier Türen gab es auf dem kleinen Vorplatz. Eine nach der anderen warf Joschi krachend ins Schloß. Die Küchentür, die Badezimmertür, die Wohnzimmertür, die Tür zu seinem Zimmer. Und riß sie wieder auf, schmetterte sie wieder zurück, und wieder und wieder, bis Frau Brasnik an die Decke klopfte.

Er ging in sein Zimmer, nahm den Gartenplan von der Wand und legte ihn unten in seinen Schrank in den Schuhkarton mit den Muscheln von der Ostsee, mit der Urkunde vom letzten Sportfest und dem Bild eines lachenden Mannes. Auch sein Geld lag in der Schachtel, eine blecherne Sparbüchse mit aufgebrochenem Schloß. Er nahm die Scheine und Münzen heraus, zählte sie und tat alles in einen alten Briefumschlag. Den steckte er in die Tasche seiner grauen Sonntagshose.

Dann holte er den Strauß und stellte ihn neben sich. Immer wieder betrachtete er ihn, solange er an seinen Schulaufgaben schrieb.

Zwei Verträge

„Eisenwaren — Haushaltwaren — Conrad Allemann" stand über den Schaufenstern.
Joschi zögerte am Eingang und betrachtete sein Spiegelbild in den Scheiben: die lange hellgraue Sonntagshose, das frische weiße Hemd, die blankgeputzten Sandalen. Er tastete nach dem Briefumschlag in der Tasche, fuhr sich mit dem Kamm durch die Haare und ging dann durch die Schwingtür, zusammen mit einem Mann in blauem Arbeitszeug.
Man schickte ihn eine Treppe hinauf, und er kam zuerst zu Fräulein Fränzel, der Sekretärin. Sie sah einer Kindergartentante ähnlich, die Joschi früher einmal sehr gern gemocht hatte, mit den braunen Löckchen über der Stirn und den vielen Lachfältchen um die Augen. Gleich sagte er ihr, daß er gekommen sei, das Grundstück in der Mörikestraße zu kaufen.
Sie lachte und öffnete die Tür zu einem anderen Zimmer. Dabei hielt sie ihn an der Schulter fest, als wollte sie ihn beschützen.
Conrad Allemann saß am Schreibtisch. Er war ein so gewaltig großer und dicker Mann, daß alles um ihn herum zu klein erschien: das Zimmer zu eng, die Möbel wie aus einer Puppenstube, wie Spielzeug das Telefon und die Federhalterschale aus schwarzem Gußeisen. Zigarrenrauch wölkte

um ein eirundes, rotes Gesicht. Es sah aus, als dampfe er, dieser Berg von einem Mann.
Er rief: „Was wünschen Sie, mein Herr? Mit wem habe ich die Ehre?" und verbeugte sich.
„Er möchte ein Grundstück kaufen, stellen Sie sich das vor! Joschi heißt er, Joschi Stritter", sagte Fräulein Fränzel.
„Sehr angenehm!" sagte der dicke Mann und verbeugte sich noch einmal.
Auch Joschi verbeugte sich.
Er wurde rot dabei.
„Welches Grundstück darf ich Ihnen verkaufen?"
„Das an der Mörikestraße, Ecke Lessingstraße. Ich möchte gern einen Garten haben. Was kostet es?"
Herr Allemann rieb sich die Nase mit dem gebogenen Zeigefinger und schnaubte dabei, einmal links, einmal rechts.
„Mörikestraße, Ecke Lessingstraße", murmelte er.
„Zwotausendfünfzig, das macht ... das macht ... na, sagen wir –"
„Mark?" fragte Joschi. „Zweitausend Mark?"
„Quadratmeter! Quadratmeter!" rief der dicke Mann. Er lachte – zuerst ganz lautlos, dann glucksend und kollernd und dröhnend. Joschi lachte mit, auch Fräulein Fränzel, doch davon hörte man nichts unter dem Allemannschen Lachgewitter.

„Quadratmeter!" sagte er noch einmal, wischte sich die Augen und putzte sich die Nase.
Joschi wand sich los aus Fräulein Fränzels Griff und legte den Briefumschlag mit dem Geld auf den Tisch. „Hier! Das ist mein Geld, alles, was ich habe. Wieviel wollen Sie?"

„Immer langsam", sagte Herr Allemann, „und Spaß beiseite. Darüber muß ich mit deinem Vater reden, mein Junge."
Joschi senkte den Kopf. Er trat von einem Bein aufs andere, schabte mit den Schuhspitzen an seinen Waden und sagte leise: „Ich habe keinen."
„Hm", machte Herr Allemann. Er paffte eine blaue Rauchwolke gegen die Fensterscheibe. „So. Und wo wohnst du?"
„In der Schillerstraße. Dort gibt es keine Gärten. Und das Grundstück in der Mörikestraße ist genauso, wie ich mir meinen Garten vorgestellt habe. Aber ich brauche einen Kaufvertrag, sonst schickt der Polizist mich wieder fort. Es ist ein herrlicher Garten. Man muß nur noch Blumen pflanzen."
Herr Allemann rauchte und blickte aus dem Fenster.
Er sagte: „Früher war es noch viel schöner dort. Auf dem Grundstück stand nämlich mein Elternhaus. Als ich noch ein Junge war, hatte ich immer ein eigenes Beet im Garten. Meistens habe ich Radieschen gesät und Möhren, oder ich habe mir Erdbeeren gepflanzt, irgend etwas zum Essen, wie Jungen so sind. Aber einmal hat mir jemand eine Tüte Blumensamen geschenkt, Sommerblumen-Prachtmischung hieß das Zeug. Ich säe es aus und denke, wer weiß, was für eine Herrlichkeit kommt da heraus. Aber dann — na ja, wie Jungen

so sind, dann vergesse ich mein Beet, und das Unkraut wächst und wächst, natürlich viel schneller als die Blümchen. Kommt mein Vater und rauft alles wieder aus, alles, restlos! So war mein Vater, immer gründlich. Tja, und jetzt weiß ich immer noch nicht, wie Sommerblumen-Prachtmischung aussieht. Ich habe mich schrecklich geärgert damals. Aber der Alte hatte natürlich recht, absolut recht. Komisch, wie einem das nach so vielen Jahren wieder einfällt."
Quer über seinem glänzenden Schädel lag ein Sonnenstreif.
Nun schob Herr Allemann den Schreibtischsessel zurück und stand auf. „Junger Mann!" sagte er. „Werden Sie auch Sommerblumen-Prachtmischung säen? Aber wehe Ihnen, wenn Sie das Unkraut wachsen lassen! Ich werde kommen und mir Ihren Garten ansehen."
„Ja", sagte Joschi. Er war zurückgewichen und stand wieder neben Fräulein Fränzel an der Tür. „Bekomme ich den Garten? Bekomme ich ihn? Aber Sie müssen mir das alles aufschreiben."
„Meinetwegen. Also schreiben Sie, Fränzchen: ‚Hiermit erlaube ich Herrn Joschi Stritter, auf meinem Grundstück an der Mörikestraße, Ecke Lessingstraße einen Garten anzulegen. Herr Stritter verpflichtet sich, Sommerblumen-Prachtmischung auszusäen und das Beet tadellos in Ordnung zu halten.' Das genügt."

„Nein", sagte Joschi. „Es muß ‚Kaufvertrag' darüber stehen."

„Gut, gut, also schreiben Sie ‚Kaufvertrag' dazu."

„Und wieviel Geld wollen Sie haben?"

Der Dicke lachte. Er kam auf Joschi zu, tippte ihm mit dem Finger auf die Nasenspitze und rief: „Keins! Gar keins! Da staunen Sie, wie?" Sein Finger roch nach Zigarre und Seife.

Joschi ging noch einen Schritt zurück und sagte: „Aber das geht nicht. Wenn ich Ihnen kein Geld gebe, ist es kein richtiger Kaufvertrag."

Kopfschüttelnd setzte Herr Allemann sich wieder in den Sessel.

„Zäh!" sagte er. „Unglaublich zäh ist dieser Kerl. Wird mal ein guter Geschäftsmann, weiß, was er will. Also schreiben Sie weiter, Fränzchen: ‚Er zahlt mir eine Mark — in Worten: eine — und erhält als Zugabe ein Gartengerät nach seiner Wahl.' Einverstanden?"

„Das ist doch zuwenig! Nur eine Mark?" fragte Joschi. „Und ein Gartengerät?"

Herr Allemann fuhr mit der Zigarre durch die Luft und sagte: „Eine Mark ist viel Geld. Wer den Pfennig nicht ehrt — und so weiter. Haben Sie alles, Fränzchen?"

Sie nickte und zog das Blatt aus der Schreibmaschine. Als sie es auf den Schreibtisch legte, sagte sie leise: „Er meint es ernst."

„Ich auch!" rief der Dicke und zwinkerte ihr zu. „Denken Sie, ich meinte es nicht ernst?"
Er malte auf das Blatt ein bauchiges A, das eine Reihe von Schleifen hinter sich herzog. Dann schob er den Bogen zu Joschi hinüber. Dem rutschte zweimal der Kugelschreiber aus, so feucht waren seine Hände.
Fräulein Fränzel flüsterte aufgeregt mit Herrn Allemann.
„Unsinn!" rief er. „Verderben Sie uns doch nicht den Spaß!"
Joschi nahm ein Markstück aus dem Umschlag und legte es auf den Schreibtisch. Herr Allemann tat es in seine Geldbörse, gab dem Jungen die Hand und sagte: „Hat mich sehr gefreut, mein Herr. Alles Gute. Und vergessen Sie die Sommerblumen nicht!" Wieder verbeugte er sich.
Joschi bedankte sich, und Fräulein Fränzel ging mit ihm in den Laden hinunter und suchte einen Spaten für ihn aus.
„Ich habe nämlich nur einen kleinen, vom Sandspielen", sagte Joschi.
Sie brachte ihn zur Tür.
„Herr Allemann macht immer gern Späße mit Kindern", sagte sie.
„Er hat ‚Sie' zu mir gesagt!" rief Joschi.
„Natürlich war das Ganze nur ein Spiel. Ich meine den Kaufvertrag. Den Spaten darfst du behalten."

31

Joschi drehte ihn mit dem blanken Blatt in die Sonne. Er hatte ihn sich nicht einpacken lassen.
„Der ist gut. Der ist stark genug."
Sie sagte: „Kinder können keine Verträge abschließen."
„Aber er ist doch erwachsen!" sagte Joschi.
Sie seufzte.
„Natürlich kann noch viel Zeit vergehen, bis ein Käufer kommt."
„Ein Käufer?" fragte Joschi. „Aber ich habe doch den Garten gekauft! Ich! Meinen Sie, den gäbe ich wieder her? Nie!"
„Schon gut", sagte sie und schob ihn aus der Tür.
„Ich bringe Ihnen auch einen Blumenstrauß!" rief Joschi.
Er schwenkte den Kaufvertrag und ging fort, den Spaten über der Schulter.
„Diese Kindsköpfe!" sagte Fräulein Fränzel.

Joschi ging zuerst in eine Samenhandlung und kaufte fünf Tüten Sommerblumen-Prachtmischung. Er brachte den Spaten in den Garten und versteckte ihn unter den gesprungenen Bodenplatten in der Laube. Dann zog er sein Hemd aus, krempelte die Hosenbeine auf und begann, mit dem Taschenmesser die Brombeerranken am Rand der Lichtung herunterzuschneiden. Die Dornen rissen blutige Spuren über seine Hände und Arme, über Beine und Brust, und die Sonne brannte auf seinen Rücken. Sooft er mit einem Busch fertig war, schleppte er die sperrigen Zweige zu der Stelle an der Kohlenhofmauer, an der er den umgestülpten Eimer gefunden hatte. Er warf auch die Brennesseln dazu und schichtete alles hoch auf.

„So", sagte er laut.

Er wanderte rings um das Grundstück und prüfte den Zaun. Wo er niederlag, stützte er ihn mit dürren Ästen, verknüpfte lose Drahtenden und keilte die Pfosten, wo es nötig war, mit Steinen fest.

Draußen kam wieder der junge Polizist vorüber.

„Junge!" rief er. „Da bist du ja schon wieder!"

„Einen Augenblick", sagte Joschi. Er lief zur Gartenhütte, holte den Kaufvertrag und schob ihn zusammengerollt durch die Zaunmaschen.

Der Polizist las, lächelte und sagte: „Dieser Herr Allemann muß ein lustiger Mensch sein. Sommerblumen sollst du für ihn säen, und er gibt dir für eine Mark dieses Grundstück und noch ein Gartengerät dazu!"

„Einen Spaten habe ich mir geben lassen", sagte Joschi. „Wollen Sie ihn sehen?" Wieder lief er zur Laube.

Aber bis er die Steinbrocken beiseite geschoben hatte, stand der Polizist schon auf der Lichtung.

Er nahm seine Mütze ab, wischte sich die Stirn und sagte: „Herrlich ist es hier. Wenn ich nicht im Dienst wäre, würde ich mich ein bißchen zu dir in den Schatten setzen und eine Zigarette rauchen."

„Sie könnten mich immer besuchen, dann wäre ich nicht so allein. Bis fünf Uhr bin ich jeden Tag hier, dann muß ich nach Hause. Meine Mutter soll nämlich nichts von meinem Garten wissen."

„Weshalb?" fragte der Polizist.

„Darum", sagte Joschi. „Weil ich ihn für mich allein haben will. Jedenfalls zuerst, vielleicht zeige ich ihn ihr später, wenn alles fertig ist."

„Und dein Vater?"

Joschi bückte sich und zog einen Grashalm aus seiner Sandale.

„Der?" sagte er. „Der ist weit weg. In einer anderen Stadt. Der kümmert sich doch nicht mehr um uns. Er hat eine andere Frau geheiratet, und jetzt hat er andere Kinder."

Eine Zeitlang schwieg der Polizist und sah zu, wie Joschi die Riemen an seinen Sandalen enger schnallte.

Dann sagte er: „Der Spaten ist großartig. Aber der Kaufvertrag, weißt du, dieser Kaufvertrag —"

Wieder rieb er sich die Stirn. „Herr Allemann wird wohl wissen, was er tut."

„Ich säe auch Sommerblumen für ihn, nur Sommerblumen-Prachtmischung. Das muß schön aussehen, wenn alles blüht!" Joschi zeigte ihm die Samentüten.

Einen ganzen Wald von Blüten zeigte der bunte Aufdruck, und sie stritten sich ein bißchen wegen der Namen.

„Ringelblumen", sagte der Polizist.

„Nein, Studentenblumen!" sagte Joschi.

„Studentenblumen haben krausere Blütenblätter. Das sind doch die mit dem strengen Geruch. Dies sind Ringelblumen."

„Studentenblumen", sagte Joschi. „Und hier, das ist Mohn, gelber und roter."

„Den gelben nennt man Schlafmützchen."

„Meinetwegen", sagte Joschi. „Aber es ist doch Mohn. Kornblumen sind auch dabei."

„Nein", sagte der Polizist, „das ist etwas anderes. Wenn ich nur den Namen wüßte! Warte — ich glaube, meine Mutter nannte das ‚Gretchen im Grünen'."

„Ich nenne das Kornblumen", sagte Joschi.

„Sonnenblumen, Astern, Schleierkraut", sagte der Polizist.

„Das hätte ich auch gewußt! Aber wie heißen diese?"

„Keine Ahnung", sagte der Polizist. „Vielleicht Rittersporn?"

„Sehen Sie! Sie wissen auch nicht alles!" rief Joschi. „Und die gelben sind doch Studentenblumen!"

Der Polizist lachte.
Es schlug fünf von der Kirchturmuhr, und sie gingen zusammen fort.
Als Joschi den Draht am kleinen Tor festmachte, sagte er: „Vielleicht haben Sie doch recht, und es sind Ringelblumen."
„Bis morgen", sagte der Polizist. „Ich komme wieder. Möller heiße ich, mit ö, Artur Möller, Wachtmeister im sechsten Revier."
Er tippte an die Mütze und ging fort. Joschi sah ihm nach und winkte, aber der junge Mann blickte sich nicht mehr um.
Zu Hause las Joschi den Kaufvertrag noch einmal und legte ihn dann in seinen Sammelkasten. Von dem Geld behielt er einen Teil zurück. Als die Mutter kam, war er gerade dabei, sich umzuziehen.
Sie sah seinen sonnenverbrannten Rücken und fragte: „Warst du im Schwimmbad?"
„Ja", sagte Joschi. Er wühlte die Badehose aus der Schublade und hielt sie heimlich in der Küche unter den Wasserhahn. Nun hing sie tropfend auf dem kleinen Balkon.
„Morgen gehen wir auch schwimmen", sagte die Mutter, „wenn ich mit der Samstagsarbeit fertig bin. Kommst du mit?"
„Wir?" fragte Joschi. „Wir beide allein?" Er spielte mit der Türklinke, ließ sie auf- und niederschnellen und blickte die Mutter nicht an. „Oder

geht dieser Herr Dingsda, dieser Onkel Soundso mit?"

„Ja", sagte die Mutter. „Ja, er geht mit. Hast du etwas dagegen?"

Joschi schlug mit der Faust auf die Klinke und stieß die Tür mit dem Fuß auf. „Du kannst allein gehen mit deinem Max!" rief er vom Vorplatz aus. „Mit dem bist du doch lieber zusammen als mit mir!"

Die Mutter brachte das Abendessen auf einem Tablett ins Wohnzimmer. Joschi kam erst, als sie ihn zweimal gerufen hatte. Sie aßen im Dunkeln vor dem Fernsehapparat. So brauchten sie an diesem Abend nicht mehr viel miteinander zu sprechen.

Beim Gutenachtsagen murmelte Joschi: „Morgen habe ich etwas anderes vor."

„Schon gut", sagte die Mutter. „Du sollst tun, was dir Spaß macht."

Als sie am nächsten Tag abgeholt wurde, stand Joschi am Fenster. Er sah, wie der Mann aus dem blauen Auto stieg und ihr die Badetasche abnahm. Sie lachte und strich sich die Haare aus der Stirn und war wie ein junges Mädchen.

Max hatte ein langes Gesicht und etwas vorstehende Zähne. Beim Lachen warf er den Kopf zurück und öffnete den Mund weit.

„Pferdegesicht", sagte Joschi oben am Fenster.

Max fragte die Mutter etwas. Sie hob die Schultern und schüttelte den Kopf.
Nun stiegen sie ein. Joschi hob die Gardine und sah dem Auto nach, als es langsam abfuhr. Jetzt blickte die Mutter nach oben. Sie winkte, und Joschi hob schon die Hand — da streckte Max seinen langen Arm aus dem linken Wagenfenster und schwenkte ein Taschentuch.
Joschi ließ die Gardine fallen.
Er ging in seinen Garten und grub die Brombeerwurzeln aus. Das war eine harte Arbeit, und Joschi hackte und zerrte und schaufelte drauflos. Manchmal hieb er nur in blinder Wut mit dem Spaten auf die Wurzelstöcke ein, riß sie hoch, schleuderte sie weit über die Wiese und stampfte dann zornig mit dem Fuß auf, weil er nun hinterherlaufen und sie wieder einsammeln mußte.
„Pferdegesicht!" rief er laut. „Ich hasse dich! Ich hasse dich!" In seinem Zorn kam er mit der Arbeit schnell voran, und als er sah, wie die Lichtung sich weitete, wie die Büsche am Waldrand nun freistanden, lachte er leise und sagte: „Pferdegesicht, ich glaube, du hast mir ganz schön geholfen!"
Er saß noch eine halbe Stunde auf dem Treppchen vor der Gartenhütte. Die Lichtung lag schon im Schatten, nur die Baumspitzen standen noch in der Sonne. In den Straßen war es stiller als sonst; und wie der Wind über sie hinging, rauschten leise die Blätter. Hoch in der Tannenhecke sang ein

Vogel. Immer brach er sein Lied auf dem höchsten Ton ab, daß es wie eine Frage klang. Leise pfiff Joschi die Antwort.
Mit einem Grasbüschel rieb er die Erde von seinen Schuhen und ging nach Hause.
Die Mutter war schon vor ihm gekommen.
„Wo warst du so spät noch?" fragte sie.
„Mein Geheimnis", sagte Joschi. „Du kannst mich fragen und fragen, ich verrate nichts."
„Wenn du nichts Schlimmes tust —", sagte sie.
„Nichts Schlimmes!" rief er und umarmte sie. „Etwas Schönes!"
Sie fragte wirklich nicht mehr. Beim Essen erzählte sie vom Schwimmbad, von Bekannten, die sie dort getroffen hatte, von ihrer Angst, vom Dreimeterbrett zu springen, und von einem drolligen kleinen Kind. Mit keinem Wort sprach sie von Max, und Joschi fragte nicht nach ihm.
Seit diesem Tag sprachen sie überhaupt nicht mehr von ihm. Er holte die Mutter mittwochs und samstags ab, er kam auch manchmal am Sonntagnachmittag.
Joschi sagte ihm höflich guten Tag, und wenn sie dann zu dritt am Kaffeetisch saßen, redete er immer nur die Mutter an, wenn er überhaupt etwas sagte.
Dies war der andere Vertrag, den Joschi in dieser Zeit abschloß, obwohl nie darüber gesprochen wurde. Er tat so, als gäbe es keinen Max, und die

Mutter fragte ihn nicht, weshalb er manchmal mit lehmverschmierten Schuhen nach Hause kam, weshalb er jeden Abend so müde war, daß er oft beim Essen einschlief, und weshalb er nach und nach alles Handwerkszeug aus dem Haus trug.

Graben, Säen und Bauen

Am Montag kaufte Joschi eine Sichel und schnitt die Wiese. Drei Tage vergingen, bis er damit fertig war, so verfilzt war das Gras. Auch Buchen- und Weidensämlinge wuchsen überall auf der Lichtung, und manche waren schon so fest eingewurzelt, daß er sie ausgraben mußte.

„Bis ein Rasen daraus wird, wirst du die Wiese

noch oft mähen müssen", sagte Wachtmeister Möller.
„Macht nichts", sagte Joschi, „dann habe ich doch etwas zu tun, wenn alles andere fertig ist."
„Weshalb bist du immer allein?" fragte der Polizist. „Deine Schulkameraden würden dir bestimmt gern helfen."
„Ich brauche keine Hilfe", sagte Joschi. „Und ich bin lieber allein. Die reden immer so dumm."
„Was reden sie?"
„Von ihren Vätern. Wie stark die sind und wie klug, oder wie streng oder wie gut und was weiß ich!"
Er wendete das Gras mit einem dreizinkigen Ast, den er sich zur Gabel geschnitten hatte. Wirbelnd warf er das Heu hoch in die Luft. Wachtmeister Möller mußte niesen und sich die Halme von der Uniform klopfen.
„Ein wüster Kerl bist du!" sagte er. „Wahrhaftig, es täte dir gut, wenn du einen Vater hättest."
„So?" fragte Joschi und warf ihm eine Gabel Heu über die Mütze. Er lachte, aber es war ihm nicht anzumerken, ob er lustig oder wütend war. „Sie können ja so tun, als ob Sie mein Vater wären", sagte er.
„Dann müßte ich dich jetzt durchhauen", sagte der Polizist. Und ihm war auch nicht anzumerken, ob er das ernst meinte oder nicht.
Am nächsten Tag traf er Joschi beim Umgraben.

Hier und dort, wo es ihm gerade gefiel, wie sie in die Buchten und Einschnitte des Waldrandes paßten, legte Joschi seine Beete an. Eins war dreieckig, rund ein anderes, langgestreckt das dritte, ein schiefes Fünfeck das vierte und nierenförmig das fünfte.
Joschi war immer noch streitlustig.
„Sagen Sie nur gleich, daß Ihnen das nicht gefällt!" rief er. „Aber ich will keine geraden Beete haben wie in den langweiligen Gärten. Alles muß ein bißchen wild bleiben. Und wenn die Blumen blühen, sind das lauter bunte Inseln."
„Ich finde aber alles wunderschön so!" sagte Wachtmeister Möller. „In einen Waldgarten gehören keine scharfkantigen Beete. Du mußt später nur darauf achten, daß dir die Wiese nicht zwischen die Blumen wächst."
Joschi zerkrümelte die Erde mit den Fingern.
„Du brauchtest einen Rechen. Ich will meine Schwiegereltern fragen, ob sie dir nicht einen leihen oder schenken können. Sie haben einen kleinen Bauernhof draußen vor der Stadt. Im Schuppen steht allerhand unbenutztes Gerät."
„Schwiegereltern haben Sie?" fragte Joschi. „Dann sind Sie also verheiratet?"
„Schon seit fünf Jahren!"
Joschi nahm wieder den Spaten, er grub und schlug auf die Schollen ein, daß die Erdbrocken ihm um den Kopf stoben.

„Laß das jetzt", sagte der Polizist. „Vielleicht kann ich dir den Rechen morgen schon mitbringen."
„Nicht nötig", sagte Joschi und hackte weiter und zerdrückte die größten Schollen mit den Fingern. Er beugte sich tief über das Beet und fragte: „Haben Sie auch Kinder?"
„Einen kleinen Jungen. Klaus-Dieter heißt er, dreieinhalb Jahre alt, ein Mordskerl!"
„So", sagte Joschi. Er hob kaum den Kopf, als der Wachtmeister fortging, aber dann rief er ihm nach: „Ich will keinen Rechen von Ihren Schwiegereltern! Ich brauche das Ding nicht!"
Doch der Rechen lag am nächsten Tag beim Spaten im Versteck. Seine Zinken waren schon etwas verbogen, und der Stiel sah wie poliert aus, so abgegriffen war er. Joschi wog ihn in der Hand. Er war leicht, man müßte gut damit arbeiten können. Doch dann legte er ihn wieder zurück und zerkleinerte wie am Tag zuvor die Erdschollen nur mit dem Spaten und den Händen.
In der Nacht hatte es geregnet. Die feuchten Brokken ließen sich nicht so leicht zerreiben, und die Beete sahen knollig und unordentlich aus. So holte Joschi doch den Rechen wieder hervor und glättete damit die Erde.
Als er fertig war, schlug es vier von der Kirchturmuhr. Er hätte jetzt mit dem Säen beginnen können, aber er saß eine ganze Stunde auf dem

Treppchen und blickte zum Austritt des Pfades hinüber.
Wachtmeister Möller kam nicht.
Joschi räumte seine Geräte fort und ging zum Revier.
Er traf nur zwei andere Polizisten dort. Sie sagten: „Möller ist noch unterwegs auf dem Streifengang. Was gibt's?"
„Ich wollte ihm nur etwas sagen: ‚Vielen Dank für den Rechen'. Können Sie ihm das ausrichten? Und einen schönen Gruß." Mit rotem Kopf lief er davon.
Am Tag darauf säte er Sommerblumen-Prachtmischung in alle fertigen Beete, und wie er es in anderen Gärten gesehen hatte, spießte er die Samentütchen auf kleine Stöcke und steckte sie dazu. Dann räumte er den Platz um die Gartenhütte auf und grub auch hier noch drei Beete um, ordentliche, schnurgerade Gemüsebeete. Die Sämereien dafür hatte er längst schon gekauft: Radieschen und Rettich, Salat und Kresse.
Als Wachtmeister Möller kam, zog er gerade die Saatrillen — mit dem Rechenstiel.
„Vielen Dank für deine Grüße", sagte Wachtmeister Möller.
Joschi beugte sich über sein Beet und sagte: „Ich bin blöd!"
„Manchmal", sagte Wachtmeister Möller. „Aber dein Garten wird immer schöner."

Joschi hatte nun alle Beete eingesät und brauchte nur noch auf das Keimen und Wachsen zu warten.
Aber es gab noch genug anderes zu tun. Da war zum Beispiel die Hütte, kaum mehr, als ein Haufen wirrer Bretter. Auf dem kleinen trockenen Platz unter der unzerstörten Dachhälfte bewahrte Joschi seine Gartengeräte und das erste Heu von der Wiese auf.
Nun löste er vorsichtig die Ranken des Schlinggewächses vom Dach und legte sie auf die Erde. Später sollten sie wieder über Wände und First klettern, aber zunächst mußte alles ordentlich ausgeflickt werden.
Das gekreuzte Lattenwerk an den drei Seitenwänden war so morsch, daß er es mit den Händen herausbrechen konnte. Er wußte noch nicht, wie er es später ersetzen sollte. Erst das Dach! Fast alle Bretter waren noch zu verwenden, eine Dachpappenauflage hatte sie geschützt. Alles, was lose hing, riß Joschi ab und vernagelte es neu auf dem Firstbalken und am umlaufenden Balkenkreuz. Die Dachpappe war an vielen Stellen eingerissen. Dort unterlegte er sie mit Plastikfolien und einer alten Wachstuchdecke, die er zu Hause im Speicherverschlag gefunden hatte. Dort gab es noch manches, was später zur Einrichtung der Hütte taugen konnte: einen abgetretenen Teppich, einen Stuhl ohne Sitzfläche, zwei zerbeulte Kochtöpfe,

einen räudigen Besen, einen Koffer voll alter Decken und Tücher und viele leere Kisten.
Das fertige Dach sah recht buntgescheckt aus, so mit schwarzer Pappe, weißer Folie und geblümtem Wachstuch gedeckt. Aber die grünen Ranken würden es bald wieder überwuchern.
Joschi kaufte eine Flasche Bier, zwei Frankfurter Würstchen und zwei Brötchen und lud Wachtmeister Möller zum Richtfest ein.
Er kam am Mittwochabend nach Dienstschluß. In allen Beeten keimte es schon grün. Joschi hatte schnell noch Unkraut gejätet und die Wiese zum zweiten Mal geschnitten. Vom Firstbalken nickte ein Birkenzweig mit bunten Papierbändern.
Der Wachtmeister hatte ein Wasserglas mitgebracht, das ließ er sich von Joschi mit Bier füllen. Er brauchte nicht aufs Dach zu klettern, wie die Bauleute tun, er hob nur den Arm und legte die Hand auf den Firstbalkenkopf.
Er rief: „Ich wünsche Joschi viel Glück in seinem kleinen Haus! Und ich wünsche ihm, daß er Freunde findet!"
Dann trank er das Glas aus und warf es auf die Steine, daß es zerbrach.
Nebeneinander saßen sie auf dem Treppchen, ließen die Bierflasche hin- und hergehen, aßen Wurst und Brötchen mit frischer Kresse aus Joschis Gemüsebeet und sahen zu, wie die Abendschatten sich auf die Wiese legten.

„Weshalb haben Sie das gesagt, vorhin?" fragte Joschi. „Ich habe doch einen Freund, Sie sind mein Freund."
„Aber ich bin ein erwachsener Mann, und du bist noch ein Junge."
„Und den kleinen Klaus-Dieter haben Sie mehr lieb als mich", sagte Joschi.
Der Polizist steckte sich eine Zigarette an. Er rauchte und schwieg.
„Natürlich!" sagte Joschi rauh und laut.
„Natürlich", sagte Wachtmeister Möller und nickte. Jetzt sah er Joschi an. Der riß ein Grasbüschel aus der Treppenfuge und warf es ins Gebüsch. Nach einer Weile begann der Polizist zu erzählen, wie er als Junge mit seinen Freunden Laubhütten aus Zweigen gebaut hatte. Er war in einem Dorf aufgewachsen, und sie hatten herrliche und wilde Spiele gespielt. Einmal waren sie mit Erlaubnis der Eltern zwei Nächte draußen in ihren windigen Hütten geblieben, sie hatten schrecklich gefroren und kaum geschlafen. In der zweiten Nacht war gegen Morgen ein Mann mit einem Gewehr vorübergekommen.
„Ein Wilderer war das", sagte er. „Damals hatten wir Krieg, und manche Leute gingen ohne Jagdschein auf die Pirsch. Und wir hockten da, wir fünf Helden, und zitterten vor Angst und wagten nicht, uns zu rühren. Kurz danach hörten wir auch einen Schuß, gar nicht weit von uns entfernt.

Aber der Mann hatte wohl nichts getroffen. Gleich danach sahen wir ihn unten auf der Landstraße mit einem Fahrrad eilig davonfahren. Sobald es hell wurde, haben wir den Wald abgesucht, weil der Mann vielleicht doch ein Tier angeschossen haben konnte. Aber wir fanden nichts. Wir hatten danach auch keine Lust mehr, im Wald zu schlafen. Und dann kam der Winter, mein Vater wurde Soldat, und ich mußte der Mutter und meinen beiden Schwestern auf dem Hof helfen. Eine war noch ganz klein, die andere etwas älter als ich. Der Krieg ging zu Ende, bald danach, aber mein Vater kam nicht wieder. Viele Väter aus unserem Dorf kamen nicht wieder. Nun hatten wir alle keine Zeit mehr zum Spielen und zum Waldhüttenbauen."

„Wie alt waren Sie damals?" fragte Joschi. „Als Ihr Vater nicht wiederkam?"

„Ein Jahr älter als du", sagte Wachtmeister Möller. „Meine Mutter hat später wieder geheiratet, einen älteren Handwerker. Der war uns ein guter Stiefvater. Den Hof hat meine Schwester übernommen, ich wollte lieber zur Schule gehen und studieren. Aber wir hatten zu wenig Geld. Jetzt bin ich nicht Rechtsanwalt geworden, sondern Polizist. Ich bin zufrieden."

„War das nicht schlimm, als Sie einen Stiefvater bekamen?" fragte Joschi.

„Gar nicht. Er hatte uns Kinder sehr lieb."

Joschi rupfte noch mehr Gras aus den Treppenfugen und sagte nichts mehr.
Der Mond kam über die Bäume; er hatte einen regenbogenfarbenen, breiten Hof.
„Es gibt Regen", sagte Wachtmeister Möller. „Dann werden wir sehen, ob dein Dach dicht ist."
Sie gingen nach Hause.
Am nächsten Tag war der Himmel grau bezogen. Joschi hatte gerade noch Zeit, sein Heu von der Wiese in die Hütte zu bringen, da pladderte es schon los.
Den ganzen Nachmittag saß er zu Hause und und rechnete und zeichnete. Er hatte sich in zwei Holzhandlungen nach den Preisen für Bretter erkundigt. Fast hundert Mark müßte er ausgeben, wenn er die Hütte ringsum verschalen wollte. Auch würde er dann eine große Säge brauchen, mit dem kleinen Fuchsschwanz aus dem Handwerkskasten konnte er keine Bretter schneiden. Aber Wände mußte er haben, vier ordentliche, wind- und wetterdichte Wände um sein Haus!
Als die Mutter am Morgen das Brotkörbchen auf den Tisch stellte, nahm er es auf, betrachtete es von allen Seiten und nickte.
Gleich nach der Schule ging er wieder in die Holzhandlung und kaufte ein Bündel Dachlatten. Die waren nicht teuer und ließen sich auch leicht mit dem Fuchsschwanz sägen. Er nagelte sie senkrecht

auf die oberen und unteren Querbalken der Hütte, einmal von innen und einmal von außen.
So entstand eine doppelte Lattenwand mit einem Zwischenraum von der Breite der Balken. Joschi schnitt Weidenzweige und streifte die Blätter ab. Er flocht die Ruten zwischen die Latten, wie man einen Korb flicht, und als von außen und innen das Geflecht eine Handbreit hoch war, stopfte er den Zwischenraum mit Heu aus. Am ersten Tag bekam die Westseite der Hütte eine dichte Wand. Wachtmeister Möller meinte, Herr Allemann könne wohl nichts dagegen haben, wenn Joschi die Weiden etwas herunterschneide. Erstens trieben sie doch wieder aus, und zweitens täte es den Bäumen gut, wenn das Unterholz gelichtet würde.
„Wieso?" fragte Joschi. „Was ich hier tue, geht doch den Allemann nichts an!"
„Es wird ihm einerlei sein", sagte der Polizist.
Noch dreimal mußte Joschi ein Lattenbündel in die Lessingstraße schleppen, Berge von Weidenruten mußte er noch schneiden, und am Ende hatte er fast alles Heu verbraucht. Zwei Wochen lang arbeitete er an der Hütte, und in dieser ganzen Zeit regnete es. Zwar saugten die Heuwände an der Westseite sich voll Wasser, aber in der Hütte blieb es trocken. Als zum ersten Mal wieder dünner, wäßriger Sonnenschein über der Lichtung lag, war das kleine Haus fertig. Früher hatte es

nur drei Wände gehabt und war nach Süden ganz offen gewesen; jetzt hatte Joschi auch dort eine Wand geflochten und nur den Eingang, der zugleich das Fenster war, offengelassen. Weil er eine geschlossene Ecke für sein Heulager brauchte, hatte er seine Fenstertür ein Stück nach rechts gerückt. Nun mußte er noch den Fußboden in Ordnung bringen und sein Haus einrichten.
So gut es ging, fügte er die zersprungenen Bodenplatten wieder zusammen, kehrte die Hütte gründlich aus und legte den Teppich auf die Steine.
Längst stand das Gras hoch genug für den dritten Schnitt. Während der Regenzeit war es schnell gewachsen, und auch in Joschis Gemüsegarten waren die Radieschen dick geworden, und die Sommerblumenpflanzen standen üppig grün am Waldrand: buschige, verzweigte oder hoch aufgereckte Pflanzen, fiedriges, gelapptes, gefingertes, rundes und gezähntes Blattwerk, rötliches, silbriges und gelbliches Grün.
Auch Unkraut gab es genug. Joschi mähte das Gras und trocknete es gründlich. Aus alten Tüchern hatte er einen langen und breiten Sack genäht, den füllte er mit Heu. So hatte er ein weiches, duftendes Bett! Eine Kiste war der Tisch, die Lampe ein Kerzenhalter, und der alte Stuhl bekam einen neuen Sitz aus Weidengeflecht. Joschi machte nun jeden Tag seine Schularbeiten in

der Gartenhütte. Aber lang hielt er sich damit nicht auf, es gab draußen zuviel zu tun: Unkraut zu jäten, die Ranken wieder am Dach zu befestigen, einen Herd zu bauen, den Brunnen zu reinigen und zu flicken.
Manche Blumen in den Wiesenbeeten hatten schon Knospen. „Noch drei bis vier Wochen", sagte Wachtmeister Möller, „dann blüht alles. Junge, wie gemütlich ist es bei dir!"
Er kam immer nur für ein paar Minuten. Nächstens, am dienstfreien Tag, wollte er die Wasserleitung für Joschi in Ordnung bringen. Einen neuen Hahn dafür würde er ihm schenken.
„Ich muß mir auch eine Gießkanne kaufen", sagte Joschi. „Ein Garten kostet viel Geld. Jetzt habe ich noch siebenundachtzig Mark. Und ich möchte doch gern ein Fahrrad haben, dann könnte ich schneller hierherkommen."
„Du willst aber auch alles haben!" rief der Polizist. „Bist du noch nicht zufrieden?"
„Doch", sagte Joschi.
Er saß auf dem Hüttendach, und Wachtmeister Möller reichte ihm die Ranken an, damit sie das kleine Haus wieder einspinnen könnten.
Joschi reckte beide Arme in die Luft. „Herr Möller!" rief er. „Ich bin sogar glücklich, richtig glücklich!"

Robinson und Dienstag

Am darauffolgenden Montag traf Joschi die Mutter an der Haustür, als er aus der Schule kam. Aufgeregt erzählte sie, daß sie für drei Tage mit ihrem Chef zu einer Konferenz reisen sollte.
„Aber so lange kannst du nicht allein bleiben!"
„Natürlich kann ich das!" rief Joschi.
Sie klingelte schon bei Frau Brasnik und verabredete mit ihr, daß Joschi bei ihr essen, sich jeden Abend pünktlich um sieben bei ihr melden und überhaupt ganz und gar unter Frau Brasniks Aufsicht stehen würde. Nur zum Schlafen sollte er in die Wohnung gehen.
Er sagte nichts dazu.
Aber während die Mutter ihren Koffer packte und noch einmal fortging, um dies und jenes zu besorgen, legte er alle Schulbücher für die nächsten Tage in einen Pappkarton, tat hinzu, was sich unauffällig aus der Speisekammer mitnehmen ließ: Reis, Nudeln, Salz, Tomatenmark, Margarine und ein Glas Erdbeermarmelade, wickelte eine Wolldecke in seinen Regenmantel und brachte alles in die Gartenhütte. Als die Mutter zurückkam, saß er bei den Schulaufgaben.
Am Dienstagmorgen dann, in den letzten, unruhigen Minuten des Aufbruchs, fragte er, ob er nicht bei einem Schulfreund wohnen dürfe? Bei einem in der Mörikestraße?

Nein, das sei jetzt nicht mehr zu verabreden.
Aber er möchte doch so gern!
Und Frau Brasnik?
Mit der wolle er schon reden.
Unmöglich. Die sei bestimmt beleidigt.
Ein kurzer Hupton von der Straße: Der Chef war vorgefahren, man durfte ihn nicht warten lassen. Joschi lief mit der Mutter hinunter und trug das Köfferchen ans Auto.
Die Mutter gab ihm einen Kuß und flüsterte: „Also, es bleibt dabei? Mach mir keine Sorgen. Gib gut auf dich acht, Junge!"
„Bestimmt", sagte er. „Gute Reise!" Und winkte dem davongleitenden Wagen nach, lachend und zufrieden.
„Ich übernachte und wohne bei einem Schulkameraden, das habe ich heute morgen mit meiner Mutter besprochen. Die Wohnung ist abgeschlossen", sagte er zu Frau Brasnik, den Ranzen schon auf der Schulter — den Ranzen, der sich nicht mehr zuschnallen ließ, weil Joschi noch einen Pullover, ein halbes Brot, Seife, Handtuch und Zahnbürste, einen Kochlöffel, zwei Kerzen und einen Becher hineingezwängt hatte.
Frau Brasnik wunderte sich, aber beleidigt war sie nicht, eher schien sie erleichtert.
Joschi hatte gerade noch Zeit, das Vorhängeschloß von der Kellertür zu nehmen, im Gartenhaus den Ranzen auszuleeren — für alles war Platz unter

der umgestülpten Kiste —, und kam pünktlich zur Schule.

Mittags begann er gleich, einen Herd zu mauern. Steine gab es genug, und sie waren schnell zum offenen Viereck geschichtet. Schon prasselte ein Feuer aus dürren Ästen, und der Kochtopf schaukelte darüber an zwei Astgabeln. So ließe sich also jetzt eine Suppe kochen.

Aber nicht ohne Wasser!

Joschi versuchte, den Wasserhahn mit der Zange zu lösen, schmierte Margarine an das Gewinde und beklopfte es von allen Seiten. Es rührte sich nicht. Er trat mit dem Fuß gegen das Leitungsrohr, und steilauf schoß ein Strahl schmutzigbraunen Wassers, ihm ins Gesicht. Er spuckte aus und schüttelte sich: abgebrochen lag das Rohr unter der Brunnenschale. Aber daneben sprudelte es, quoll klares, helles, sauberes, köstliches Wasser! Er lachte und rannte nach dem Spaten. Sein Springbrunnen überschwemmte die Gemüsebeete; er mußte einen Graben ziehen. Das Wasser sprühte auch gegen die Hüttenwand. Joschi holte den zweiten Kochtopf und stülpte ihn über den Rohrmund. Doch kaum ließ er den Topf los, schleuderte der Wasserdruck ihn fort. Er schleppte Steine heran und häufte sie über den Topf. Nun schoß das Wasser ringsum unter seinem Rand hervor und höhlte sich schnell ein kreisrundes Becken. Dem brauchte er nur noch einen Abfluß zu schaffen, und nun hatte er Quelle und Teich und einen strömenden Bach! Daß er triefte von den Haaren bis zu den Schuhen, was tat das? Die Sonne schien heiß. Er breitete die Kleider zum Trocknen über einen Busch, legte sich in der Turnhose auf die Wiese, aß Margarinebrot mit jungen Radieschen und trank Wasser dazu.

„Robinson hat eine Quelle gefunden!" rief er, als Wachtmeister Möller kam. „Hier! Trinken Sie!"
Kopfschüttelnd betrachtete der Polizist die Topfquelle. Er redete von einem abgebrochenen Gewinde und daß nun ein Klempner herbei solle, weil der Hydrant auf der Straße gesperrt werden müsse, das Wasser liefe ja kubikmeterweise davon!

„Oder bezahlst du Wassergeld, Freundchen?"
„Hat Robinson Wassergeld bezahlt?" fragte Joschi.
Jetzt erst sah der Wachtmeister die Feuerstelle.
„Das ist verboten!" sagte er. „Feuer wird hier nicht gemacht."
„War Robinson Rohköstler?" fragte Joschi.
Der Polizist wurde ärgerlich. „Du bist nicht Robinson. Die Funken vom offenen Feuer können die Hütte in Brand setzen und sogar die anderen Häuser in der Straße gefährden. Du müßtest einen richtigen Herd bauen, mit Kamin und Rohr und Funkenfang."
„Das habe ich auch vor", sagte Joschi.

„Woher willst du die Bleche nehmen, den Rost, das Rohr und Schamotte zum Verstreichen?"
„Lehm aus der Kiesgrube, und das übrige finde ich daneben auf dem Schuttplatz."
„Wenn du dir etwas in den Kopf gesetzt hast!" sagte Wachtmeister Möller und lachte.
„Darf ich?"
„Wenn du alles richtig machst. Aber ich will kein offenes Feuer mehr sehen! Deshalb habe ich im Frühling einmal eine Bande von Jungen hier vertrieben. Sie taten mir leid, aber ich habe sie zweimal am Feuer erwischt und ihnen dann verboten, wieder herzukommen."
„Jungen?" fragte Joschi. „Andere Jungen?"
„Vier oder fünf. Weil sie Feuer gemacht hatten, merk dir das!"
„Und weil sie keinen Kaufvertrag hatten!" rief Joschi.

Der Schuttplatz lag am Stadtrand. Joschi fuhr mit der Straßenbahn hinaus, aber den Rückweg, beladen mit rostigen Blechen, einem verbeulten Ofenrohr, einem Knäuel Draht und einem Sauerkrauteimer voll Lehm, mußte er zu Fuß machen. Sechs schlug es von der Kirchturmuhr, aber die Sonne stand noch hoch; es war die Zeit der langen Junitage.
So mauerte Joschi den Herd: Zwei Steine hoch für den Aschenfall, nach vorn offen, nach hinten

mit einer Ausbuchtung als Fundament für den Kamin. Nun das erste Blech, das am meisten rostzerfressene, dem er mit einem dicken Nagel noch eine Reihe Löcher mehr einstanzte.
Und weiter: Vier Steine hoch das Feuerloch, acht Steine hoch den Kaminstutzen, alles von innen gut mit nassem Lehm verstrichen, die Herdplatte darauf — das beste von allen Blechen — das Rohr eingefügt —, fertig war der Herd! Als Funkenfang genügte ein kleines Blech, zwischen zwei Ziegeln quer über das Rohr gelegt. Damit ließ sich auch der Zug regulieren, nur dürfte man natürlich nicht an das Rohr stoßen, dann würden Steine und Blech in den Suppentopf fallen.
Obwohl der Lehm noch naß war, zündete Joschi gleich ein Feuer an. Er stellte den Wassertopf auf und wusch sich an der Topfquelle. Neun Uhr war es jetzt, er ging zum Tor und sicherte es mit dem Vorhängeschloß. Als er zurückkam und zum vierten oder fünften Mal den Finger in den Topf steckte, um zu prüfen, wie heiß das Wasser nun sei, raschelte etwas im Gebüsch, dort, wo hinter der Mauer der Kohlenhof lag.
„Musch-Musch!" rief Joschi. „Komm her!"
Das bunte Kätzchen hatte ihn manchmal im Garten besucht, aber es war scheu geblieben und hatte sich niemals anfassen lassen.
Er holte die Nudeln aus der Hütte und warf sie in den Topf. Wieder hörte er ein Rascheln. Er

ging einige Schritte ins Wäldchen — und sah, daß da jemand auf dem Bauch hinter einem Busch lag.
„Wer ist da?" fragte er laut.
„Ich!" — Und aus Farnkraut und Gestrüpp tauchte ein verzweifeltes Gesicht, geschwärzt von Kohlenstaub, verschmiert von Tränen, eingerahmt von zwei roten, abstehenden Ohren. Der Flabes!
Gleich ließ er den Kopf wieder auf die Arme fallen und schluchzte. Joschi hockte sich zu ihm.
„Was willst du hier?"
„Weggelaufen", flüsterte der Flabes. „Weil ich wieder eine Sechs im Aufsatz habe, und mein Vater — ach, Joschi, was soll ich nur tun? Er verhaut mich, und dann weint die Mutti. Er hat gesagt, wenn das wieder vorkommt, dann soll ich was erleben. Ich gehe nie mehr nach Hause, nie mehr!"
Joschi sagte: „Du kannst bei mir bleiben. Laß das Heulen."
„Und deine Mutter? Aber dann finden sie mich doch! Ich muß fort, weit fort!"
Immer noch stieß ihn das Schluchzen. Dem Rolf hatte er gesagt, er ginge zu seinem Opa, das sollte Rolf der Mutter ausrichten, und er bliebe über Nacht dort. Aber er war heute den ganzen Nachmittag durch die Stadt gelaufen, von einer Tankstelle zur anderen, weil er hoffte, ein Lastwagen

würde ihn mitnehmen, und hatte doch keinen Mut gehabt, heimlich unter eine Plane zu kriechen, noch weniger Mut, die Männer anzusprechen. Dann war er wieder in die Mörikestraße gegangen, hatte sich im Hof versteckt und gesehen, wie der Vater nach Hause kam, und gehört, wie die Mutter oben in der Küche mit Geschirr klapperte. Er hatte nicht gewagt, in die Wohnung zu gehen, und war endlich zum Kohlenhof geschlichen. Aber die Schwärze im Schuppen dort, die dicken Spinnen in allen Winkeln! Endlich war ihm eingefallen, daß es hier auf dem Trümmergrundstück ein altes Gartenhaus gab, und er war über die Mauer geklettert.
„Altes Gartenhaus!" sagte Joschi. „Komm, sieh es dir an!"
Und er zeigte dem Flabes sein Haus, seine Quelle, seinen Herd und seinen Garten.
Er rief: „Jetzt sind wir Robinson und Freitag — nein, Robinson und Dienstag!" Und der Flabes lachte wieder. Er wusch an der Quelle Kohlenstaub und Tränen von seinem Gesicht und sah zu, wie Joschi Tomatenmark zu den Nudeln rührte. Doch das Feuer im Herd brannte schlecht.
„Es hat falschen Zug", sagte der Flabes. „Du mußt Steine vor das Feuerloch legen."
Gleich knisterte das Holz, die Flammen sangen, und endlich brodelte es im Topf.
Es wurde dunkel, und sie saßen nebeneinander

auf der Treppe und aßen. Es wurde Nacht, das Feuer verglomm im Herd, Sterne standen am Himmel. Sie konnten voneinander nur noch das Weiße in den Augen und beim Sprechen die blitzenden Zähne sehen. Joschi erzählte vom Kaufvertrag, von Herrn Allemann und dem lustigen Wachtmeister Möller.

„Ein Polizist!" rief der Flabes. „Robinson, wenn der mich hier sieht!"

„Du versteckst dich. Wir suchen morgen einen Baum, in den du klettern kannst, wenn wir ihn kommen hören."

„Ich möchte am liebsten immer hierbleiben", sagte der Flabes. „Aber das ist unmöglich. Eines Tages finden sie mich."

„Nicht, wenn du vorsichtig bist", sagte Joschi. „Ich komme dann jeden Tag und bringe dir Lebensmittel. Wir machen zusammen Schulaufgaben, und ich werde sehr streng mit dir sein. Alles, was du jetzt nicht kannst, holen wir nach, und dazu lernst du das, was wir gerade in der Schule durchnehmen. Du bist gar nicht dumm, du hast sofort gewußt, wie der Herd besser brennen würde. Du meinst nur, du wärst dumm, und deshalb hast du Angst, und vor lauter Angst machst du alles falsch. Aber eines Tages kannst du mehr als alle anderen in der Klasse. Dann nehme ich dich mit in die Schule. Wir sagen zum Lehrer: Der Gerhard war verreist. Er soll dich prüfen, und er wird staunen, wie klug du bist. Du bekommst ein fabelhaftes Zeugnis, und damit gehst du dann nach Hause, das legst du auf den Tisch, ehe dein Vater nur ein Wort sagen kann."

„Meinst du?" fragte der Flabes. „Meinst du, das schaffe ich?"

„Bestimmt", sagte Joschi. „Man kann alles, was man will."

Sie malten sich aus, wie wunderbar diese Heimkehr sein sollte.

„Und dann kann ich Beamter werden, dann freut sich mein Vater!" sagte der Flabes.

Es schlug zwölf von der Kirchturmuhr, und bald danach kam der Mond über die Bäume, ein schmaler Sichelmond. Als hätte er ihn aufgeweckt, lief nun ein Windschauer durch die Büsche. Sie froren und gingen in die Hütte. Beim Kerzenschein aßen sie noch ein Marmeladenbrot und überlegten, was sie morgen tun wollten. Joschi sollte zur Schule gehen, der Flabes würde inzwischen hier aufräumen, kochen und das kleine Einmaleins wiederholen.

„Und nachmittags mußt du einen Aufsatz schreiben", sagte Joschi. „Ich kaufe mir einen Rotstift!"

Sie lachten und löschten das Licht.

„Gute Nacht, Robinson!" — „Gute Nacht, Dienstag!" sagten sie.

Herrlich war der Morgen, der goldhelle, blitzende Tag. Zuerst weckte die Sonne den Flabes, er stand leise auf und machte Feuer im Herd. Er rüttelte Joschi an der Schulter: „Aufstehen, Robinson, Kaffee trinken!"
„Wir haben gar keinen Kaffee", murmelte Joschi und drehte sich zur Wand. „Laß mich schlafen!"
„Aber Tee!"
„Haben wir auch nicht."
Doch der Flabes hielt ihm den Becher unter die Nase. Er hatte frische Brombeerblätter aufgebrüht.
„Du bist gescheit, Dienstag!"
Da lachte der Flabes.
Sie wuschen sich am Topfbrunnen und spielten Fangball mit dem nassen Handtuch.
Bis zum letzten Krümel aßen sie das Brot auf. Joschi würde neue Vorräte einkaufen müssen.
Mit vollem Mund sagte der Flabes: „Übrigens war ich heute morgen schon zu Hause — ich meine, bei uns im Hof. Mein Vater ist zur Arbeit gegangen, wie jeden Tag. Und dann hat meine Mutter am Küchenfenster gestanden; ich konnte sie deutlich erkennen."
„Weshalb tust du das?" fragte Joschi. „Wenn sie dich nun gesehen hätte?"
„Ich weiß nicht. Ich konnte einfach nicht anders."
Nun suchten sie einen Baum, in dem der Flabes

sich verstecken könnte, sobald jemand käme. Am leichtesten war es, in die Kastanie zu klettern, man konnte auch gemütlich auf den ausladenden Ästen sitzen. Aber rings um den Stamm waren sie unbelaubt, wer von unten hinaufschaute, würde ihn gleich entdecken. Besser sollte er auf die Buche steigen, wenn das auch viel schwieriger war.

Joschi sagte: „Das Törchen quietscht. Gut, daß ich es noch nicht geölt habe. Du merkst früh genug, wenn einer kommt. Ich pfeife schon auf der Straße, damit du mich erkennst. So: lang-kurz, das heißt: ‚Dienstag!' Und du antwortest: kurz-kurz-lang, das heiß: ‚Robinson!'"

Er verschloß das Tor, als er zur Schule ging. Aber als er dann zurückkam, schon kurz nach elf Uhr, weil sie hitzefrei bekommen hatten, eine Tragtasche mit Brot und Kartoffeln in der Hand, vergaß er das Pfeifen und sah gerade noch, wie der Hosenboden vom Flabes in der Kastanie verschwand.

Sie lachten darüber.

„Aber jetzt müssen wir vorsichtig sein", sagte Joschi. „Ich habe das Tor offengelassen, damit mein Polizist sich nicht wundert. Hast du das Einmaleins gelernt?"

Der Flabes wurde rot. „Noch nicht. Du bist zu früh gekommen."

Er war dabei, aus dem Sauerkrauteimer eine

Gießkanne zu machen. Eine Handbreit unter dem oberen Rand schlug er mit einem Nagel Löcher in eine kreisrunde Fläche. Wenn man nun den Eimer zu drei Vierteln mit Wasser füllte und etwas schräg hielt, sprühte es in vielen kleinen Strahlen wie aus einer Gießkannenbrause. Der Flabes war sehr stolz auf seine Erfindung. Doch das Blech war spröde, er mußte achtgeben, daß es nicht ausbrach.

Sie aßen in der Asche gebratene Kartoffeln mit Radieschen und Kresse.

„Jetzt wissen sie vielleicht schon, daß ich nicht beim Opa bin", sagte der Flabes. „Die Mutti regt sich bestimmt schrecklich auf."

„Denk nicht immer daran", sagte Joschi.

„Soll ich ihr einen Brief schreiben?"

„Meinetwegen. Den werfe ich dann in euren Briefkasten."

„Und so lange muß ich allein bleiben?"

„Wenn du jetzt schon Angst hast, kannst du gleich nach Hause gehen!"

Dazu schwieg der Flabes. Er ging in die Hütte, riß ein Blatt Papier aus einem Schulheft und schrieb einen langen Brief an seine Mutter: Es ginge ihm gut. Er habe genug zu essen. Jemand wolle ihm einen Pullover leihen. Und er dächte immer an sie und schicke ihr und dem Vater viele, viele Küsse. „Euer treuer Sohn Gerhard. — Nachschrift: Wenn ich wiederkomme, bin ich ein guter

Schüler. Ich komme bestimmt wieder, ganz bestimmt."

Er faltete den Zettel und gab ihn Joschi. Der lag auf der Wiese und überlegte, was für einen Aufsatz der Flabes jetzt schreiben sollte.

„Zeig her!" sagte er. „Viel zu lang! ‚Alles in Ordnung. Dienstag', das hätte genügt. Und das klingt doch wenigstens ein bißchen geheimnisvoll. Und so viele Fehler! Gib mir den Bleistift."

Er verbesserte die Fehler, und der Flabes hämmerte weiter am Gießkanneneimer.

Da quietschte das Törchen! Der Flabes warf Eimer, Hammer und Nagel weg und kletterte in die Buche. Sein linkes Bein zappelte noch am Stamm, da stand schon Wachtmeister Möller auf der Lichtung — und hinter ihm kamen noch zwei andere Polizisten!

Joschi zerknüllte den Zettel und stopfte ihn in die Hosentasche.

„Sie kommen aber früh — aber früh!" sagte Joschi.

„Dienstlich", sagte Wachtmeister Möller. „Wir suchen nämlich einen Jungen, der hier in der Nachbarschaft wohnt. Du kennst ihn auch, Gerhard Pohlemann heißt er."

„Den Flabes suchen Sie?" fragte Joschi. „Der hat heute in der Schule gefehlt. Bestimmt hat er wieder Ohrenschmerzen, ja, Ohrenschmerzen. Er hat nämlich sehr große Ohren."

Die Polizisten lachten. "Meinst du, große Ohren täten weh?"
Sie schauten sich um. "Das also ist dein Garten. Kollege Möller hat uns davon erzählt."
Wachtmeister Möller fragte: "Woran hast du gehämmert?"
"Gehämmert? Ich? Ach so, das soll eine Gießkanne werden."
"Großartig!"
Joschi versuchte, ein neues Loch in das Blech zu schlagen.
"Aber doch nicht von außen! So verbiegst du den Eimer. Oder du mußt innen etwas unterlegen. Wie hast du die anderen Löcher hineinbekommen?"
"Natürlich, etwas unterlegen ein Stück Holz", sagte Joschi. "Aber weshalb suchen Sie den Gerhard?"
"Er ist von zu Hause weggelaufen, das heißt, er ist gestern nach der Schule nicht heimgekommen. Angeblich wollte er bei seinem Großvater übernachten, aber den hat die Mutter heute morgen besucht und erfahren, daß der Junge gar nicht dort war. Wahrscheinlich hatte er Angst vor Strafe. Armer Kerl. Ich war schon bei eurem Lehrer, der sagt, er habe wieder einen schlechten Aufsatz geschrieben. Der Vater soll sehr streng sein, ein bißchen jähzornig. Jetzt sitzt er bei uns im Revier und weint. Die Mutter ist viel ruhiger.

Sie meint, der Junge käme schon wieder nach Hause. Er sei ein lieber Junge."

„Geschieht ihm ganz recht, dem Vater, daß er jetzt weint", sagte Joschi.

„Manche Leute sind aus lauter Liebe zu streng mit ihren Kindern", sagte einer von den anderen Polizisten. „Und jetzt wollen wir uns deinen Wald etwas näher ansehen."

„Sie brauchen gar nicht zu suchen", rief Joschi. „Ich bin doch immer hier!"

Wachtmeister Möller sagte: „Aber nicht in der Nacht, und heute vormittag warst du in der Schule. Wir haben nämlich drüben im Kohlenhof ein Taschentuch gefunden, das dem Jungen gehört. Ganz zerknüllt und naßgeweint. Es kann doch gut sein, daß er hier herübergeklettert ist. Auf der Mauer sind Kohlenspuren."

„Die sind immer da", sagte Joschi. „Und ich bin gestern drüben gewesen und habe mir ein paar Kohlen für meinen Herd geholt. Nur drei Briketts." Er wurde rot.

„Joschi! Gestohlen hast du? Du wirst nachher hinübergehen und die Kohlen bezahlen. Viel werden sie dir schon nicht abnehmen — aber du gehst, versprichst du mir das?"

„Ja."

„Daß du stiehlst! Das hätte ich nicht gedacht."

Joschi rieb die Hände am Hosenboden. Er schwitzte. Die anderen Männer durchstreiften

schon das Gebüsch. Wachtmeister Möller warf im Vorübergehen einen Blick in die Hütte. Und dort lagen zwei Schulranzen, zwei! Und auf dem Tisch das Rechenheft vom Flabes!
Joschi drängte sich vor dem Polizisten in die Hütte.
Wachtmeister Möller sagte: „Laß sehen!" und blätterte im Heft.
Joschi hielt das Deckblatt fest und schob gleichzeitig den zweiten Ranzen mit dem Fuß unter den Heusack. Wenn der Wachtmeister nun läse, was auf dem Schildchen stand? Gerhards Vater schrieb immer selbst mit schönster Schönschrift den Namen auf die Hefte seines Jungen!
„Das sieht bunt aus", sagte Wachtmeister Möller. „Und wie du geschmiert hast! Ich dachte, du wärst ein guter Schüler? Ich habe mich nämlich bei deinem Lehrer auch nach dir ein bißchen erkundigt. Das durfte ich doch?"
„Natürlich", sagte Joschi. „Aber unser Lehrer ist furchtbar gutmütig, furchtbar gutmütig. Der sagt das nur so. Im Rechnen bin ich sehr schlecht, sehr schlecht, der Allerschlechteste!"
„Jetzt schämst du dich so sehr, daß du alles gleich zweimal sagst. Aber dein Lehrer meinte wirklich, du wärst in allen Fächern gut."
„Nur im Mündlichen", sagte Joschi. Endlich schob der Wachtmeister das Heft weg und ging wieder nach draußen.

Die beiden anderen Polizisten kamen schon zurück.
„Nichts!" sagten sie. „Kein Zipfel von einem Jungen. Aber Kohlenspuren sind auch auf dieser Seite der Mauer. Er muß hier gewesen sein."
„Die Kohlenspuren haben nichts zu bedeuten", sagte Wachtmeister Möller. „Das ist schon geklärt." Er sah Joschi an, und der nickte und senkte den Kopf. „Habt ihr auch in den Bäumen nachgesehen?"
„Ich bin doch hier!" rief Joschi. „Er kann doch nicht stundenlang auf einem Baum sitzen!"
„Natürlich kann er das. Aber wir wollen jetzt weitergehen, es gibt noch allerhand Schlupfwinkel in der Nachbarschaft. Wahrscheinlich ist er nicht mehr in der Nähe, vielleicht sogar längst über Land."
„Bestimmt", sagte Joschi. „Über Land ist er, längst weit weg über Land."
„Vielleicht müssen wir später mit Spürhunden herkommen. Vom Kohlenhof aus könnte man sie ansetzen", sagte einer von den anderen Polizisten.
„Auf Wiedersehen, Robinson!" riefen sie und gingen fort. Das Törchen klappte, und Joschi pfiff das Dienstag-Zeichen.
Aber der Flabes wollte im Baum bleiben, Joschi mußte zu ihm hinaufklettern.
„Suchhunde! Suchhunde!" flüsterte der Flabes.

„Hast du schon einen Hund auf einen Baum klettern sehen?" fragte Joschi. „Außerdem meinen sie auch, du wärst weit fort."
„Bringst du jetzt den Brief zu meinen Eltern?"
Joschi machte sich gleich auf den Weg. Zuerst besuchte er den Kohlenhändler.
Der wunderte sich zwar über den ehrlichen Dieb, aber er schimpfte doch mit ihm, der Ordnung halber, und zog ihn am Ohr. Nein, Geld wollte er jetzt keins, aber daß ihm das nicht noch einmal vorkäme! Und zog ihn weiter am Ohr.
Joschi ging zu dem Haus, in dem der Flabes wohnte. Die Briefkästen mußten drinnen im Treppenflur sein, und die Tür sah fest geschlossen aus. Er schlenderte vorüber, ging wieder zurück und schlüpfte in den Hof. Hier war es schattig und kühl, sogar einen Rasenstreifen gab es unter der Teppichstange, und dahinter an der Mauer blühten bunte Blumen. Fast wäre Joschi hinübergegangen, um sie zu betrachten, aber es standen zu viele Fenster offen. Er hielt sich dicht an der Hauswand, wickelte den Brief um einen Stein und warf ihn zum ersten Stock hinauf. Zu kurz — das Papierknäuel prallte von der Mauer ab und rollte die Kellertreppe hinunter. Über ihm, in einem Erdgeschoßzimmer, wurde eine Tür geöffnet. Eine Frau redete.
Er verstand: „— — Pohlemanns — — nichts — — Polizei — — heutzutage — — Kaffeetrinken?"

Wieder klappte die Tür. Joschi wartete noch ein paar Minuten, dann sprang er mit einem Satz die steinernen Stufen hinab, nahm den Brief und warf ihn zum zweiten Mal.
„Nanu?" rief ein Mann.
Joschi lief schon um die Ecke und rannte in großen Sprüngen die Straße wieder hinauf. Gleich danach ging er wieder langsam und steckte die Hände in die Hosentaschen.
Diesmal pfiff er am Tor. Sie saßen mit baumelnden Beinen auf einem Buchenast und lachten über Joschis rotes Ohr.
„Jetzt sind wir Halbbrüder!" sagten sie.
Sie rechneten, aber der Flabes war zerstreut.
Er sagte: „Jetzt haben sie meinen Brief schon gelesen, jetzt machen sie sich keine Sorgen mehr."
„Sieben mal acht", sagte Joschi.
„Sieben mal acht? Sieben mal acht ... das kann ich nie behalten. Sechsundfünfzig! — Was meinst du? Ob mein Vater der Polizei jetzt sagt, daß sie nicht mehr nach mir suchen sollen?"
„Das kann man nicht wissen. Sechs mal neun!"
„Fünfundvierzig. Ich muß immer daran denken, was der Polizist gesagt hat: daß manche Eltern ..."
„Falsch! Vierundfünfzig. Du sollst rechnen und nicht an deine Eltern denken. Sechs mal sieben?"
„Aber ich muß doch immer an sie denken."

„Sechs mal sieben!"
„Und es ist viel zu heiß zum Rechnen. Sechs mal sieben ist zweiundvierzig."
„Schluß für heute!" sagte Joschi. Er gähnte.
Es war dunstig und schwül geworden, und gegen Abend zogen dicke Wolken herauf. Sie mochten den Herd nicht anzünden. Rauch und Feuerschein könnten sie verraten, falls immer noch nach dem Flabes gesucht wurde. Sie aßen Margarinebrote und tranken Wasser dazu.
„Mittwochabends gibt es bei uns immer gebackene Blutwurst", sagte der Flabes. „Das ißt mein Vater so gern."
„Mittwochabends geht meine Mutter immer aus", sagte Joschi. „Dann zieht sie ihre besten Kleider an und schminkt sich und ist aufgeregt, weil sie nie pünktlich fertig wird. Lustig ist das."
„Meine Mutter schminkt sich auch manchmal. Aber nur sonntags. Das gefällt mir gut. Sie hat überhaupt ein schönes Gesicht, meine Mutter. Und so feine, zarte Haare! Aber am liebsten mag ich ihre Augen. Die sind groß und braun und so lieb! Was für Augen hat deine Mutter, Joschi?"
„Graue. Und jetzt reden wir von etwas anderem."
Sie unterhielten sich über die Schule, den Lehrer und die Klassenkameraden.
Und dann sagte der Flabes wieder: „Ich muß immer daran denken, daß der Polizist gesagt hat,

daß manche Eltern nur aus lauter Liebe streng sind. Ob das bei meinem Vater auch so ist?"
„Dann lauf schnell nach Hause und laß dich aus lauter Liebe verhauen!" rief Joschi.
„Du wirst immer gleich wütend."
„Und du wirst nie ein richtiger Dienstag! Der Freitag war froh, daß er bei Robinson sein konnte, weil der ihn vor den Menschenfressern gerettet hatte!"
Darauf sagte der Flabes nichts.
Es wurde früher dunkel als sonst, weil der Himmel nun ganz bedeckt war. Manchmal zuckte ein flackernder Schein über die Lichtung, ein Wetterleuchten, aber man hörte keinen Donner.
In der Hütte war es so heiß, daß sie die Decke fortwarfen, als sie sich zum Schlafen niederlegten. Laut rauschte draußen das Wasser im Topfbrunnen, kein Blatt rührte sich in den Bäumen. Sie zündeten die Kerze an. Joschi hörte, wie der Flabes leise die Lippen bewegte.
„Hast du etwas gesagt, Dienstag?"
„Amen", flüsterte der Flabes und drehte den Kopf zur Wand.
Joschi setzte sich auf und spielte mit dem Kerzenwachs. „Wenn du Angst vor dem Gewitter hast", sagte er, „dann brauchst du nicht zu beten. Das kommt, oder es kommt nicht. Meinst du, Gott könnte sich um alles und alles auf der Welt kümmern? Von überallher schreien die Menschen: Hilf

mir! Gib mir! Laß dies oder das geschehen oder nicht geschehen! Die einen sind krank, die anderen haben Hunger, die einen machen sich Sorgen, die anderen fürchten sich. Irgendwo ist Krieg oder ein Erdbeben oder eine Überschwemmung, und das alles geschieht, obwohl die Leute beten. Keiner kann Gott zu sich herrufen, damit er schnell alles gutmacht. Man muß sich selbst helfen."
Der Flabes hielt den Kopf immer noch weggewendet. Er zupfte Heuhalme aus der Wand und stopfte sie wieder zurück.
Er flüsterte: „Vielleicht ist es umgekehrt? Wenn du von einem etwas willst, dann mußt du zu ihm hingehen. Ich glaube, so ist das mit dem Beten. Wenn du Zahnschmerzen hast, und du gehst zu deiner Mutter, und sie legt ihre Hand auf deine Backe, dann hast du immer noch Zahnschmerzen, aber sie kommen dir nicht mehr so schlimm vor."
Joschi lachte und warf ein Wachskügelchen durch die Tür ins Freie. „Wenn du zum Zahnarzt gehst, hören die Zahnschmerzen ganz auf!"
Lange Zeit sprachen sie nichts. Draußen fuhr ein Windstoß durch die Bäume, und mit dem nächsten Wetterleuchten grollte ferner Donner.
Sand und Heuhalme wirbelten zu ihnen herein. Die Kerze flackerte, als wollte sie verlöschen. Dann wieder brannte sie hoch auf und warf ihrer

beider Schatten riesig und drohend an die Hüttenwand.
„Und wenn man nicht weiß, was man tun soll?" fragte der Flabes. „Dann muß man doch beten."
Joschi antwortete ihm nicht.
Das Gewitter kam schnell. Sie saßen nebeneinander auf dem Heulager, die Decke um die Schultern gelegt, und schauten hinaus. Sturmwind peitschte die Büsche, sie beugten sich tief und schnellten wieder auf. Die Baumwipfel warfen sich von einer Seite zur anderen, Donner knatterte hell und rollte polternd rings um den Horizont, und Blitze flammten rot, grellviolett und weißblau. Der kleine Raum war keine Höhle mehr, in der man sich bergen konnte. Der Wind stob durch die Tür und bog die Kerzenflamme nieder, bis in den letzten Winkel fuhr der Blitzschein. Dann ein scharfer, kurzer Knall, als zerplatze etwas über ihnen — und gleich darauf rauschte Regen nieder. Er war wie ein Vorhang aus Wasser vor dem Türviereck und der tobenden Nacht. Schon rannen mit Gurgeln und Schmatzen kleine Bäche neben der Hütte.
Joschi schüttelte die Decke ab und lief zur Tür.
„Herrlich ist das, herrlich!" rief er. „Und wenn ich bete, dann sage ich: Lieber Gott, du hast alles wunderbar gemacht, auch das Gewitter und den Sturm und alles, was in meinem Garten ist!"

Er ließ die warmen Tropfen über sein Gesicht laufen, er streckte die Arme aus, fing den Regen in gehöhlten Händen und schlürfte ihn auf.
„Lieber Gott", sagte er, „wie gut dein Regen schmeckt!"
Nun kam auch der Flabes zur Tür, und sie ließen das Wasser vom Dach in ihre offenen Münder laufen und lachten, wenn sie sich verschluckten.
„Hast du immer noch Angst?" fragte Joschi. „Weißt du immer noch nicht, was gut ist?"
Da wandte der Flabes sich weg und sagte so leise, daß Joschi nichts davon hörte: „Du hast mich nicht richtig verstanden. Aber ich weiß jetzt, was ich tun muß."
Joschi gähnte und legte sich nieder. Die Kerze brannte nun wieder still, und gleichförmig rauschte der Regen.
„Gute Nacht, Dienstag."
„Gute Nacht, Robinson."
Joschi atmete tief und ruhig, als der Flabes die Decke über ihn breitete, die Kerze ausblies und leise hinausging.

Als Joschi aufwachte, war heller Tag. Immer noch trommelte der Regen aufs Dach.
Er murmelte: „Ich gehe nicht zur Schule", und rollte sich auf die andere Seite. Niemand antwortete ihm.
Unter dem Kerzenhalter lag ein Zettel:

„Lieber Joschi!
Ich bin wieder zu meinen Eltern gegangen. Ich verrate niemandem etwas, auch nicht der Polizei. Bestimmt nicht! Sei mir nicht böse. Und vielen Dank für alles. Dein Dienstag."

Joschi zerknüllte den Zettel und steckte ihn in die Hosentasche. Er packte seinen Ranzen, räumte die Hütte auf und ging in die Schillerstraße.
Es schlug sechs von der Kirchturmuhr. Er nahm Staubsauger, Schrubber und Eimer und putzte die Wohnung. Frau Brasnik hörte ihn rumoren und kam dazu.
„Meine Mutter kommt doch heute zurück", sagte Joschi. „Ich will alles schön machen für sie."
„Und deshalb bist du so früh aufgestanden und von deinem Freund fortgegangen!" rief sie. „Du bist aber ein lieber Junge!" Sie half ihm beim Putzen und lud ihn nachher zum Frühstück ein.
Als er neben dem summenden Wasserkessel in Frau Brasniks Küche saß, sagte er nachdenklich: „Eine richtige Wohnung ist doch sehr gemütlich."
„Hatten die Leute, bei denen du warst, keine richtige Wohnung?" fragte Frau Brasnik.
„Doch, doch", sagte Joschi. „Nur ein bißchen zugig war es dort. Die Tür schloß nicht richtig." Er lachte leise in sich hinein und trank die vierte Tasse Milchkaffee.

Der Flabes sah ihn ängstlich fragend an, als Joschi in die Klasse kam.
„Schon gut", sagte Joschi. „Ich bin dir nicht böse. Du taugst eben nicht für ein freies Leben."
„Hast du nicht sehr gefroren heute morgen?" flüsterte der Flabes.
„Kein bißchen", sagte Joschi. „Ich habe heißen Milchkaffee getrunken, und es war sehr gemütlich."
In der nächsten Zeit ging der Flabes ihm aus dem Weg.

Das Gartenfest

Drei Tage später schien die Sonne wieder. Wohl hatte der Gewitterregen den Pflanzen gutgetan, aber er hatte auch vieles zerstört. Manche Blumen lagen niedergeweht in der schlammigen Erde und mußten hochgebunden werden. In die Gemüsebeete hatte das Wasser tiefe Rillen gewaschen, abgerissene Zweige lagen auf der Wiese, die Lehmverschmierung im Herd hatte sich aufgelöst, und das Hüttendach war undicht geworden. Schließlich sagte der Wachtmeister noch: „Jetzt mußt du zwischen allen Pflanzen hacken, damit das Erdreich nicht rissig wird und die Feuchtigkeit erhalten bleibt."

Aus einem winkelförmig gewachsenen Ast schnitzte Joschi eine Hacke und lockerte damit die Erde in den Beeten. Er kletterte aufs Dach und bespannte es mit neuer Folie. Er schnitt die Wiese und stopfte mit dem Heu alle Ritzen, die wieder in den Wänden entstanden waren, weil die Heufüllung sich gesetzt hatte und am oberen Teil der Wände durchlässig geworden war.

Wachtmeister Möller kam nach Dienstschluß mit einem Kollegen, und sie flickten die Wasserleitung. Joschi war nicht froh darüber, denn sie sperrten den Hydranten ab, und nun hatte er keinen lustigen Topfbrunnen und keinen Wiesenbach mehr.

„Du darfst kein Wasser verbrauchen, wenn du kein Wassergeld bezahlst", sagten die Männer.
Und wie solle er nun seine Blumen gießen? —
Wachtmeister Möller hatte schon mit dem Kohlenhändler gesprochen. Joschi dürfe sich dort im Hof Wasser holen, sagte er.
„Bei dem?" fragte Joschi und rieb nachdenklich sein linkes Ohr.
„Wenn du fleißig hackst, brauchst du überhaupt nicht zu gießen", sagte der andere Polizist. „Und außerdem regnet es ja auch manchmal."
„Ja!" sagte Joschi. „Und für das Wasser vom Himmel brauche ich nichts zu bezahlen!"
Er kaufte bei einem Schrotthändler für ein paar Groschen eine alte Regenrinne und ein eisernes Faß. Das rieb er von innen mit Sand, bis es blitzte, und stellte es hinter der Hütte auf einen Unterbau aus Steinen. Die Regenrinne band er mit Draht ans Dach und bog sie so herunter, daß aller Regen von dieser Dachhälfte sich in der Tonne sammeln mußte.
Über aller Arbeit waren wieder Wochen vergangen. Die Sommerferien kamen, und Joschi konnte nun vom Morgen bis zum Abend in seinem Garten sein.
Schon blühten die ersten Blumen: roter Mohn, gelbe und weiße Margeriten und Kornblumen. Joschi kannte jede einzelne Blüte.
„Wenn alles blüht", sagte er zu Wachtmeister

Möller, „bringe ich Herrn Allemann und Fräulein Fränzel zwei dicke Sträuße. Und Sie bekommen auch einen!"
„Und deine Mutter?" fragte der Polizist.
„Vielleicht", sagte Joschi.
Das war am ersten Ferientag. Joschi hatte auf dem Gartenherd Erbsensuppe gekocht, mit Regenwasser, und Wachtmeister Möller mußte einen aufgewärmten Rest davon essen.
„Vielleicht solltest du die Tonne zudecken", sagte er jetzt und fischte eine Fliege aus der Suppe.

Am Tag darauf, als Joschi gerade die erste Kartoffel aus der Herdasche holte, hörte er ein Wispern und Rascheln hinter der Hütte. Er warf die Kartoffel wieder ins Feuerloch und sprang auf.
Sechs Jungen standen hinter der Hütte, drei, die er nicht kannte, und drei aus seiner Klasse: Rolf, Wilfried und der Flabes. Der hatte rote Ohren und blickte Joschi nicht an.
„Was wollt ihr hier? Das ist mein Garten!"
„Wir dürfen ebensogut wie du hier spielen", sagte Rolf.
„Wir haben schon im Frühling unser Lager hier gehabt", sagte Wilfried.
„Aber jetzt habe ich den Garten gekauft. Geht nach Hause!" sagte Joschi. „Ich habe euch nicht eingeladen."

„Das ist doch zum Lachen!" rief einer der fremden Jungen. „Für eine Mark willst du dieses große Stück Land gekauft haben? Das glaubt dir doch kein Huhn!"
Joschi packte den Flabes und schüttelte ihn. „Verräter!" rief er. „Du hast ihnen alles erzählt!"
„Aber erst heute!" sagte der Flabes. „Nur, weil sie unbedingt hierher wollten. Ich mußte ihnen doch erklären..."

„Sei still. Mit dir will ich nichts mehr zu tun haben."

Die fünf anderen gingen überall umher, aßen von Joschis Kartoffeln, steckten sich Blumen ans Hemd, betrachteten die Hütte, die Wassertonne und den Herd.

„Ganz nett", sagten sie. Aber dies und jenes, meinten sie, hätte man anders und besser machen können.

„Schert euch weg!" schrie Joschi.

„Sei nicht so unfreundlich", sagte Rolf. „Wir haben unser eigenes Zelt mitgebracht. Und dein Herd ist uns viel zu langweilig, wir zünden uns ein vernünftiges Lagerfeuer an."

Schon sammelten zwei von ihnen Holz, schon versuchten zwei andere, am Waldrand eine junge Birke mit Biegen und Treten abzubrechen.

„Laßt das! Sofort laßt ihr das!" rief Joschi.

„Wir brauchen den Stamm für das zweite Zelt", sagten sie. Krachend splitterte der Baum.

Der Flabes stand mitten auf der Wiese und bohrte in der Nase. Joschi lief an ihm vorüber, als sähe er ihn nicht.

Er rannte zum Polizeirevier.

„Einbrecher sind das, Einbrecher!" rief er.

Wachtmeister Möller saß am Schreibtisch und spielte mit einem Lineal. Er sah Joschi nicht an.

„Haben sie wieder Feuer angezündet?" fragte er.

„Noch nicht. Aber das haben sie vor. Und sie machen alles kaputt. Eine Birke haben sie abgebrochen!"

Der Polizist beugte sich weit vor. „Wenn ich ein Junge wäre", sagte er und blickte Joschi in die Augen — „wenn ich ein Junge wäre, dann würde ich sagen: Du bist ein Angeber, ein ganz gemeiner Angeber, und ein Feigling."

„Aber ich kann mich doch nicht wehren gegen sechs andere!" rief Joschi.

„Du sollst dich auch gar nicht wehren. Du könntest doch mit ihnen spielen und ihnen erklären, weshalb sie dort kein offenes Feuer haben dürfen. Aber nein, du rennst zur Polizei. Pfui, Teufel!"

Er begann, mit dem Lineal auf einem großen Bogen Papier Linien zu ziehen.

„Aber es ist doch mein Garten, meiner!" rief Joschi.

Wachtmeister Möller zog eine neue Linie. Er blickte nicht auf. Langsam ging Joschi zur Tür.

Er lief nach Hause, nahm den Kaufvertrag aus der Schuhschachtel und rannte zum Garten zurück. Zu spät sah er, daß Wachtmeister Möller bei den Jungen stand.

„Der Herr Besitzer! Seinen Kaufvertrag hat er gleich mitgebracht. Da, seht!" sagte der Polizist und nahm Joschi das Papier aus der Hand.

Die Jungen lasen und lachten. Nur der Flabes stand abseits.

Rolf sagte: „Das kann doch nur ein Witz sein! Für eine Mark!"

„Wenn das dem Herrn Allemann genügt?" fragte der Wachtmeister. „Und ihr seht doch, daß Joschi sich hier viel Arbeit gemacht hat. Also geht nun."

Sie hatten das Zelt noch gar nicht aufgeschlagen. Nun rollten sie die Planen um die Stäbe und lasen ihre Decken und Jacken auf. Joschi saß vor der Hütte, das Kinn in die Hände gestützt, und sah ihnen zu.

Nun gingen sie fort.

Da sprang er auf und rief: „Bleibt hier! Wenn ihr nichts kaputtmacht, könnt ihr hierbleiben!"

„Jetzt haben wir keine Lust mehr", sagte Rolf.

„Das hättest du dir eher überlegen müssen", sagte einer der fremden Jungen.

Die ersten waren schon auf dem Pfad. Joschi lief ihnen nach und hielt sie fest.

„Bitte!" sagte er. „Bitte, bleibt hier. Ich lade euch ein. Wir feiern ein Gartenfest! Ich zünde den Herd an, ich koche euch Suppe, wir braten uns Kartoffeln in der Asche! Bitte, geht nicht fort!"

„Ich bleibe gern hier", sagte der Flabes.

Und dann blieben sie alle.

Sie schlugen das Zelt wieder auf und sammelten Holz für den Herd, sie breiteten Decken auf der Wiese aus, und einer band den abgebrochenen Birkenstamm an den Firstbalken der Hütte.

„Wie bei unserem Richtfest, wissen Sie noch, Herr Möller?" rief Joschi.
Aber der Wachtmeister war fortgegangen.
Sie legten ihr Geld zusammen, und Wilfried ging zum Bäcker und kaufte Brötchen. Zwei andere, die in der Nähe wohnten, holten zu Hause Becher und Löffel. Joschi hatte seine Vorratskiste für die Ferien frisch aufgefüllt — sie warfen alles, was sie fanden, in den großen Suppentopf: Nudeln und Reis, Suppenwürfel und Tomatenmark. Im anderen Topf wurde Brombeerblättertee gekocht.
Bald saßen sie im Halbkreis um den Herd, aßen Marmeladebrötchen und tranken Tee und warteten darauf, daß der Suppenbrei im Topf endlich zu brodeln anfinge. Der Flabes erzählte von der Robinson- und Dienstag-Zeit, und das brachte sie auf den Gedanken, Robinson zu spielen. Joschi sollte Robinson sein, der Flabes Freitag und alle anderen die Wilden.
Die Hütte war Robinsons Burghügel. Er spähte zum gegenüberliegenden Waldrand; der war das Meeresufer. Die Wilden kamen und schleppten Freitag auf den Strand.
„Hunger! Hunger! Hunger!" schrien sie und umtanzten ihn. Doch nun riß er sich los, tat einen Sprung und lief mit rudernden Armen auf Robinson zu. Er schwamm durch die Bucht. Zwei der Wilden verfolgten ihn, aber sie kamen nicht so schnell vorwärts wie er, und kaum waren sie am

jenseitigen Ufer, als schon Robinson ihnen entgegenstürmte.
„Paff-bum!" schrie er.
Nun hätten die Wilden eigentlich fliehen müssen, weil sie keine Feuerwaffen kennen durften. Doch diese Wilden warfen sich auf Robinson und Freitag, und es begann eine große Prügelei.
Sie wälzten sich im Gras, sie waren ein Knäuel von stampfenden Beinen, von wirbelnden, klammernden Armen. Manchmal kollerte einer zur Seite, lag still, die geöffneten Handflächen ins kühle Gras gedrückt, sprang wieder auf und warf sich von neuem ins Gewühl. Sie lachten und schrien, sie keuchten und schnauften und mühten sich, einander nicht ernstlich weh zu tun.
Bis einer rief: „Die Suppe kocht!"
Nun waren sie sieben Jungen, keine Wilden mehr, nicht Robinson und nicht Freitag. Sie wischten sich Münder und Nasen und liefen im Gänsemarsch um den Herd.
„Die Suppe kocht, die Suppe kocht!" sang einer, und alle sangen ihm nach: „Die Suppe kocht, die Suppe kocht!"
Einer ließ sich ins Gras fallen und blieb strampelnd liegen. Gleich darauf lagen alle sieben im Gras und wälzten sich, lachten und waren drauf und dran, von neuem zu raufen.
„Die Suppe brennt an!" rief der Flabes.
Da waren sie sieben Köche und drängten sich um

den Topf, einer zog ihn vom Feuer, zwei rührten, ein anderer goß Wasser nach.
Sie klopften ihre Kleider ab, steckten die Hemden in den Hosenbund, fuhren sich mit den Fingern durch die Haare und sahen sich lachend an. Bald saßen sie wieder, wie zuvor, im Halbkreis um den Herd, löffelten steifen Suppenbrei aus den Tassen und sagten: „Herrlich war das!"
Nun waren sie satt und müde. Sie saßen in kleinen Gruppen beieinander und unterhielten sich. Einer schnitzte sich einen schön verzierten Stock, ein anderer spielte mit der Herdglut. Joschi zeigte dem Flabes, wie er das Regenwasser sammelte, und kletterte mit ihm aufs Hüttendach. Einen Augenblick blieb er noch allein dort stehen und blickte auf die Wiese hinab, auf die Jungen, die nicht mehr seine Feinde waren. Sie hatten jetzt angefangen zu singen, und er ging wieder zu ihnen und setzte sich in den Kreis.
Nicht lange saßen sie still. Sie begannen, das Wäldchen zu durchstreifen und auf die Bäume zu klettern. Sie spielten „Räuber und Gendarm", jagten sich zwischen den Bäumen, und Joschi war immer mitten unter ihnen.
Schließlich wurden sie wieder hungrig und durstig und aßen alles auf, was sich noch in Joschis Vorratskiste fand.
Die Dämmerung kam, und einer nach dem anderen ging fort.

„Komm wieder!" sagte Joschi zu jedem.
Zuletzt ging der Flabes. „Ich bin froh, daß du mir nicht mehr böse bist", sagte er leise, und noch leiser: „Ich möchte doch gern dein Freund sein."
Joschi nickte, aber er sagte nichts dazu.
Er blieb noch und räumte die Wiese und die Hütte auf. Als er ins Wäldchen ging, um eine Schaufel Erde zu holen, weil er die Herdglut damit abdecken wollte, hörte er Schritte und Stimmen auf dem Pfad. Er versteckte sich im Gesträuch.
Drei Männer kamen.
Einer sagte: „Natürlich ist das Gelände jetzt sehr verwildert und zugewachsen."
„Schade, daß die Bäume fallen müssen", sagte ein anderer, und der dritte:
„Mit denen werden wir mehr Arbeit haben als mit den alten Fundamenten."
„Die Hütte ist ohnehin nicht mehr als eine Streichholzschachtel", sagte der erste wieder. „Ist es Ihnen recht, wenn wir alles Weitere im Büro besprechen? Hier ist es jetzt zu dunkel, um das Grundstück genauer anzusehen. Außerdem haben wir die Pläne."
Sie waren nur bis zum Austritt des Pfades gegangen. Nun kehrten sie um. Das Törchen knarrte, eine Autotür klappte, ein Motor wurde angelassen.
Joschi saß immer noch in seinem Versteck, unbewegt, die Augen auf einen Zweig gerichtet.

„Der Allemann!" sagte er laut.
Der Zweig bewegte sich sacht. Wenn er sich senkte, bogen die gezackten Blattränder sich auf, und wenn der Zweig sich hob, breiteten sie sich wieder aus. Ein Windstoß kam von Westen. Er löste eines der Blätter ab; leicht hob es sich aus dem gewölbten Ansatz des Stiels und fiel taumelnd zur Erde.
„Der Allemann!" sagte Joschi noch einmal.
Steifbeinig stand er auf und ging über die Lichtung zum Pfad. Am Himmel standen schon die ersten Sterne, aber der kleine Platz zwischen den Bäumen war wie ein Teich von Schwärze, und die bunten, fröhlichen Blumen auf seinem Grund waren nicht mehr zu erkennen.

Wolken

Niemandem erzählte Joschi von den Männern, die er in seinem Garten belauscht hatte, nicht dem Wachtmeister und nicht den Jungen. Die kamen am nächsten Tag und holten zwei vergessene Zeltpflöcke. Sie fragten Joschi, ob er mit ihnen ins Schwimmbad gehen wolle.
„Nein", sagte er. „Ich muß hierbleiben. Ich habe zu tun."
Aber es gab keine Arbeit mehr im Garten. Das Gras auf der Wiese wuchs jetzt langsam, es brauchte nicht mehr so oft geschnitten zu werden. Alle Beete waren sauber gejätet, kein Grashalm wuchs mehr in den Treppenfugen vor der Hütte. Joschi hatte frühmorgens schon die Asche aus dem Herd genommen und neues Feuerholz bereitgelegt. Er hatte den Hüttenteppich geklopft, seine Vorratskiste aufgeräumt und sogar den Stuhl abgewaschen. Er legte sich, als er wieder allein war, in den Schatten der Kastanie und las. Sooft ein Vogel durch die Büsche strich oder der Wind ein dürres Blatt im Wäldchen bewegte, hob er horchend den Kopf.
Zwei Tage später stand plötzlich ein fremder Mann auf dem Pfad. Er trug einen grauen Kittel wie alle Angestellten in Herrn Allemanns Laden.
„Nanu!" sagte er. „Das ist ja ein richtiger Garten!

Ich dachte, hier wäre ein Trümmergrundstück? Herr Allemann schickt mich, ich soll das Schild wegnehmen. Was tust du hier?"
„Dies ist mein Garten", sagte Joschi.
„Dann habt ihr also das Grundstück gekauft?"
„Ja, ich", sagte Joschi. Der Mann war schon dabei, den Pfahl auszugraben. Joschi fragte ihn, ob er das Holz verwenden dürfe.
„Damit könnt ihr tun, was ihr wollt. Am besten macht man es zu Brennholz. Ist altes, morsches Zeug."
Joschi zerschnitt den Pfahl zu vier Pfosten und grub sie, fest verkeilt mit Steinbrocken, unter der Kastanie in die Erde. Das Schild nagelte er darüber, die beschriftete Seite nach unten. Nun hatte er also eine Gartenbank.
„Schon wieder etwas Neues!" sagte Wachtmeister Möller und rief dann erschrocken: „Junge! Hast du das Schild fortgenommen?"
„Ich nicht", sagte Joschi. „Ein Mann aus Allemanns Laden. Er hat mir das Holz geschenkt."
„Und was hat er gesagt?"
„Nichts. Was soll er gesagt haben?"
Wachtmeister Möller setzte sich auf die Hüttentreppe und sah zu, wie Joschi die letzten Nägel in den Banksitz schlug. Er nahm seine Mütze ab und betrachtete das Innenfutter.
„Machst du dir gar keine Gedanken?" fragte er.
„Weshalb soll ich mir Gedanken machen? Ich

hätte das Ding längst weggenommen, aber das wollten Sie nicht", sagte Joschi.
Er strich mit der Hand über das Holz und trieb einen Nagelkopf tiefer hinein. Wachtmeister Möller stand auf, ging zu den Blumenbeeten und kam wieder zurück.
„Bist du jetzt fertig? Laß die Hämmerei, hör mir zu!" sagte er.
„Wollen Sie sich nicht setzen?" fragte Joschi. „Sie ist fest, die Bank. Ich werde sie anstreichen, rot oder blau. Was finden Sie schöner?"
„Die Bank interessiert mich jetzt nicht. Wir müssen miteinander reden."
„Ich werde sie blau anstreichen."
„Joschi! Denk einmal nach. Wenn Herr Allemann das Schild plötzlich wegnehmen läßt, kann das bedeuten, daß ein anderer Käufer gekommen ist."
„Was für ein anderer Käufer?"
„Du weißt genau, was ich meine!"
„Gar nichts weiß ich. Und jetzt muß ich nach Hause gehen."
„Du solltest mit Herrn Allemann sprechen."
„Weshalb? Nächstens bringe ich ihm einen Blumenstrauß, aber erst, wenn alles blüht." Joschi trug Hammer und Nägel in die Hütte.
Sie gingen zusammen fort. Als sie das kleine Tor verschlossen, sagte der Polizist noch einmal: „Sprich mit Herrn Allemann. Frag ihn, weshalb das Schild fortgenommen wurde!"

„Auf Wiedersehen!" sagte Joschi.
Eine Woche lang geschah nichts Besonderes. Das Wetter war trüb und kühl, aber es regnete nicht. Joschi war jeden Tag vom Morgen bis zum Abend in seinem Garten. Meist saß er frierend in der Hütte. Aus einem kräftigen, noch grünen Buchenzweig mit vier Verästelungen schnitzte er eine neue Heugabel, weil die alte zerbrochen war. Er kaufte blaue Farbe und strich damit die Gartenbank, den Stuhl und die Vorratskiste.
Einmal ging er in die Stadt und ließ sich in der Samenhandlung bunte Kataloge geben. Da wurden Rosen mit wunderbaren Namen angeboten: „Flammentanz", „Frühlingsgold", „Duftwolke", „Nordlicht" hießen sie, oder „Capistrano", „Coloranja", „Montezuma", „Amatsu-Otome", oder sie hießen wie Mädchen, oder wie Städte, die er sich auf der Landkarte vorstellen konnte.
In einem anderen Heft fand er Bilder von Zwiebelpflanzen, von Tulpen und Narzissen, von Hyazinthen, Krokus und Schneeglöckchen.
Wieder ein anderes war bunt von den Bildern herrlicher Stauden und Blütensträucher. Er schrieb auf, was alles er noch in seinen Garten pflanzen wollte, und berechnete den Preis dafür. Manches strich er wieder aus, schrieb anderes hinzu und hatte mit diesem Planen tagelang zu tun. Aber immer noch horchte er auf, sooft er irgendein Geräusch im Garten hörte, und wenn Wachtmeister

Möller kam, versteckte er die Kataloge. Er hatte dann auch jedesmal eine andere Ausrede, weshalb er nun sofort nach Hause gehen müsse. Und fragte ihn der Polizist, ob er endlich bei Herrn Allemann gewesen sei, so sagte Joschi: „Noch nicht. Aber vielleicht gehe ich morgen zu ihm."
Die anderen Jungen kamen nicht in dieser Woche. Das Wetter lockte nicht zu Gartenspielen, und manche von ihnen waren jetzt verreist. Nur der Flabes besuchte ihn einmal gegen Abend. Sie machten Feuer im Gartenherd und kochten sich Brombeerblättertee wie zur Robinson- und Dienstag-Zeit. Sie setzten sich auf die neue Bank unter der Kastanie, und Joschi ließ den Flabes in dem Glauben, er selbst habe das Schild fortgenommen. Er blieb schweigsam an diesem Abend, und als der Flabes ihn fragte, ob sie nicht in den Ferien etwas miteinander für die Schule arbeiten könnten, sagte er: „Du bist doch nur faul. Du könntest auch allein lernen."
Und der Flabes bekam rote Ohren, sagte nichts mehr und ging bald darauf nach Hause.
Dann traf Joschi eines Tages die Männer vom Katasteramt in seinem Garten.
Es war ein trüber, windiger Morgen. Joschi hatte lang geschlafen und war dann für die Mutter einkaufen gegangen.
Im Bäckerladen traf er den Flabes. Der sagte: „In deinem Garten sind fremde Männer. Ich

wollte dich besuchen, da habe ich sie gesehen. Weißt du, was die dort tun?"
„Halt fest!" sagte Joschi und gab ihm Tasche und Einkaufnetz. Schon war er draußen.
Drei Männer sah er auf der Wiese: Einen mit einem sonderbaren, dreibeinigen Instrument, einen mit einer rotweißen Latte und einem Bündel ebensolcher Stäbe und einen, der dabei war, kurz vor dem Austritt des Pfades mit einem hölzernen Schlegel einen Pflock in die Erde zu treiben.
„Was wollen Sie hier?" fragte Joschi.
„Immer langsam", sagte der Mann. „Möchtest du nicht erst guten Morgen sagen?"
„Guten Morgen. Ich will wissen, was Sie hier tun. Dies ist mein Garten."
Der Mann richtete sich auf und sah ihn kopfschüttelnd an. „Sehr höflich bist du nicht. Also du hast diesen Garten angelegt und die Hütte eingerichtet? Jetzt packst du am besten deinen Kram zusammen. Hier wird gebaut."
„Nein", flüsterte Joschi. „Nein!" sagte er laut. „Dies ist mein Garten! Herr Allemann hat mir das Grundstück gegeben!"
„Er hat dir erlaubt, hier zu spielen? Aber jetzt ist Schluß damit, mein Freund. Er hat das Gelände an eine Baugesellschaft verkauft." Der Mann gab dem Pflock noch einen prüfenden Tritt mit dem Stiefel und ging über die Wiese.
Joschi lief ihm nach. „Aber ich habe doch einen

Kaufvertrag! Von Herrn Allemann unterschrieben!" rief er.

„Was will der Junge?" fragte der Mann mit dem dreibeinigen Instrument. „Schickt ihn fort."

Er winkte den mit der Latte nach links, und mit dem nächsten Schritt stand der Mann in einem der Blumenbeete, mitten in Ringelblumen und rotem Mohn.

„Halt!" rief Joschi. „Sie zertrampeln meine Blumen!"

„Zum Kuckuck!" sagte der mit dem Dreibein. „Jetzt stellt sich der Bursche auch noch in die Sichtlinie."

„Er hat sich das Gärtchen hier angelegt", sagte der mit dem Hammer. „Jetzt regt er sich natürlich auf."

„Dann soll er seine Blumen pflücken und nach Hause gehen."

Immer noch stand der mit der Latte im Blumenbeet.

„Ihr Hunde!" schrie Joschi. „Ihr gemeinen Hunde!"

„Jetzt ist's aber genug!" rief der mit dem Dreibein, kam über die Wiese, packte ihn am Arm und schüttelte ihn. „Sofort gehst du nach Hause, verstanden?"

„Nein!" sagte Joschi. „Ich bleibe hier. Dies ist mein Garten. Ich habe einen Kaufvertrag. Und mein Freund ist Polizist!"

„Einen Kaufvertrag? Den möchte ich sehen. Ach, Unsinn. Geh jetzt, wir müssen weiterarbeiten."

Plötzlich stand der Flabes neben Joschi, beladen mit Netz und Tasche, zwei Brote unterm Arm. Rot leuchteten seine Ohren, sein Mund stand halb offen. Er schluckte, atmete tief und sagte: „Aber es ist wahr. Der Joschi hat einen Kaufvertrag, von Herrn Allemann unterschrieben. Er hat den Garten richtig gekauft."

„Aber das ist doch unmöglich! Und was hast du dafür bezahlt?"

„Eine Mark", sagte Joschi. „Mehr wollte er nicht nehmen."

Laut lachten sie los, die drei Männer. „Eine Mark!" riefen sie. „Eine ganze Mark! Für dieses Baugelände!"

Da rannte Joschi fort, und der Flabes, mit Netz und Tasche und Broten, stolperte hinter ihm her.
So kamen sie zum Polizeirevier.
Joschi konnte nicht sprechen, er weinte jetzt und wischte sich mit geballten Fäusten die Tränen vom Gesicht, während der Flabes berichtete, was geschehen war.
Wachtmeister Möller gab Joschi sein Taschentuch und sagte: „Armer Kerl. Aber so mußte es ja eines Tages kommen."
„Ein Jammer!" sagten die anderen Polizisten.
„Ein Jammer um deinen schönen Garten. Und du hast dir soviel Mühe gegeben!"
„Vielleicht kannst du irgendwo ein anderes Gelände bekommen?"
„Man müßte versuchen, ihm einen Schrebergarten zu besorgen."
Zu allem schüttelte Joschi nur stumm den Kopf.
„Schicken Sie die Männer fort!" sagte der Flabes.
„Das können wir nicht."
Joschi putzte sich die Nase und steckte Wachtmeister Möllers Taschentuch ein.
„Komm!" sagte er. „Die wollen mir nicht helfen. Aber ich weiß jetzt, was ich tue."
Ohne Gruß ging er aus der Revierstube, und der Flabes trottete wieder hinter ihm her, mit Netz und Tasche und den beiden Broten.
„Gib her!" sagte Joschi, als sie auf der Straße waren.

„Was willst du tun?" fragte der Flabes.
„Zu Allemann gehen."
„Ich komme mit! Warte, ich bringe nur schnell das Brot nach Hause."
„Du?" fragte Joschi. „Nein, du bist doch nur neugierig. Und nachher erzählst du den anderen, daß ich geheult habe."
„Das ist nicht wahr!" sagte der Flabes. „Ich bin doch dein Freund. Und ich hätte auch geheult an deiner Stelle."
„Ich brauche keinen Freund", sagte Joschi. „Ich kann alles allein tun."
„Auf Wiedersehen", sagte der Flabes und rannte davon. Einen Augenblick sah Joschi ihm nach. Dann packte er Tasche und Netz fester, warf den Kopf in den Nacken und ging nach Hause. Er nahm den Kaufvertrag aus der Schuhschachtel und machte sich auf den Weg zur Neckarstraße.
„Hier!" sagte er und legte den Kaufvertrag vor Fräulein Fränzel auf den Tisch. „Das haben Sie geschrieben. Und jetzt heißt es: Das ist nicht mehr dein Garten! Geh nach Hause! Hier wird gebaut!"
„Ja", sagte Fräulein Fränzel. „Ach ja! Du hast das alles viel zu ernst genommen!"
Herr Allemann stand in der Tür zu seinem Zimmer, lächelnd, umwölkt von Zigarrenrauch.
„Nun, mein Junge? Wir kennen uns doch? Nur deinen Namen habe ich leider vergessen."

„Joschi heißt er", sagte Fräulein Fränzel. „Sie haben damals im Frühling zum Spaß einen Kaufvertrag mit ihm abgeschlossen."
„Richtig!" rief der dicke Mann und lachte. „Sommerblumen wollte er säen! Und einen Spaten hat er von uns bekommen, stimmt's?"
„Die Sommerblumen können Sie sich ansehen. Kein einziges Unkräutchen wächst dazwischen. Das meiste blüht schon."
„Soso. Als ich kürzlich mit den Leuten von der Baugesellschaft dort war, wurde es schon dunkel."
„Ja", sagte Joschi. „Ich habe Sie gesehen. Und jetzt will ich wissen, was die Leute vom Katasteramt dort zu suchen haben. Die zertrampeln mir alles. Sie müssen sofort hingehen und ihnen sagen, daß der Garten mir gehört."
„Daß der Garten dir gehört?" Herr Allemann lächelte und schüttelte den Kopf.
„Ich habe ihn bezahlt, und Sie haben den Kaufvertrag unterschrieben. Hier!"
„Natürlich. Verstehst du keinen Spaß?"
„Spaß?" fragte Joschi.
„Aber du kannst das doch unmöglich ernst genommen haben!"
„Er hat es ernst genommen. Ach Gott, ach Gott!" murmelte Fräulein Fränzel. „Der arme Junge."
„Lächerlich!" rief Herr Allemann, aber er lachte nicht mehr.

Joschi sagte: „Den ganzen Sommer habe ich dort gearbeitet. Ich habe die Brombeeren gerodet und die Wiese geschnitten. Ich habe Blumenbeete angelegt, ich habe die Hütte wieder in Ordnung gebracht. Und niemand kann mir meinen Garten wieder abnehmen. Schicken Sie die Leute fort!"
„Aber das Grundstück ist doch verkauft! Das gehört jetzt der Baugesellschaft ‚Gutes Dach', mein Lieber. Wie denkst du dir das? Soll ich hingehen und denen ihr Geld wiedergeben? Lächerlich!" Er wischte mit der Hand durch die Luft, als wolle er alles auslöschen, den Garten, die blühenden Sommerblumen und das Bild des blassen Jungen, der vor ihm stand.
„Hier!" sagte er und griff in die Hosentasche. „Eine Mark hast du mir gegeben. In Worten: eine!" und legte ein Markstück auf den Kaufvertrag. „Jetzt hat alles seine Richtigkeit, und du gehst brav nach Hause. Den Spaten kannst du behalten, den habe ich dir geschenkt. Soll doch keiner sagen, der alte Allemann wäre ein Kinderschreck! Nun nimm schon das Geld, Junge! Wer den Pfennig nicht ehrt ... und so weiter. Dann sind wir also quitt."
Joschi sah ihm ins Gesicht. Er biß sich auf die Lippen, aber er weinte nicht.
„Na, na, na", sagte Herr Allemann. Joschi sah ihn immer noch an und schwieg. Fräulein Fränzel seufzte.

„Sofort nimmst du das Geld!" schrie Herr Allemann. „Da kommt man sich ja vor wie im Irrenhaus! Schließlich bin ich Geschäftsmann, oder? Soll ich für eine einzige lumpige Mark dieses erstklassige Grundstück hergeben? Wie stellst du dir das vor? Und Sie, Fräulein Fränzel, Sie tun so, als hätte ich ein Verbrechen begangen! Nimm das Geld! Sofort nimmst du das Geld!"
Riesengroß, drohend stand er vor Joschi, wulstige Zornesadern standen auf seiner Stirn, und die Hand mit der Zigarre, die ausgestreckt auf das Geldstück wies, zitterte.
„Nimm es!" flüsterte Fräulein Fränzel.
Joschi nahm es.
„Da!" sagte er und warf es dem wütenden Mann vor die Füße. Ehe es torkelnd unter dem Waschbecken ausgerollt war, hatte Joschi den Kaufvertrag vom Tisch gerissen und die Tür hinter sich zugeschlagen.
„Toller Bursche. Zäh, furchtbar zäh!" sagte Herr Allemann. Dann riß er die Tür auf und schrie: „Lümmel! Sofort kommst du zurück!"
„Nein!" rief Joschi.
Der Dicke lachte wieder. Ächzend bückte er sich nach dem Geldstück und sagte: „Wer die Mark nicht ehrt ... und so weiter. Guter Witz, wie?"
Fräulein Fränzel saß an der Schreibmaschine und tippte drauflos, als hätte sie nichts gehört.

Die Büroräume der Baugesellschaft „Gutes Dach"
lagen im fünften Stock eines Hochhauses.
Zimmer 1: Anmeldung. Frau Riem, Sekretärin.
Sie hatte keine Ähnlichkeit mit Fräulein Fränzel.
Sie war groß, schlank, hellblond und sah aus wie
eine von den kühlen, schönen Damen in den
Schaufenstern der Kaufhäuser. Sie zog die Augenbrauen
hoch und sah noch mehr wie eine Schaufensterdame
aus.
„Zum Chef willst du? Der hat keine Zeit. Für
Grundstücke ist Herr Bierich zuständig. Zimmer
sieben."
Zimmer 7: Grundstücke. Franz Bierich, Prokurist.
Er hatte eine weiße Papierserviette auf seinem
Schreibtisch ausgebreitet und trank Kaffee aus
goldgeränderter Tasse. Goldgerändert blitzte auch
seine Brille. Alles andere an ihm war grau: stahlgrau
das Haar, mausgrau der Anzug, grau gestreift
die Krawatte. Und grau standen an den
Wänden ringsum stählerne Aktenschränke.
Er schob die Brille auf die Stirn und überflog den
zerknitterten Kaufvertrag mit einem Blick.
„Kinderei", sagte er. „Das kannst du in den Ofen
stecken. Absoluter Unsinn. Wenn du es genau
wissen willst, geh zu Dr. Millner, Zimmer acht."
Und griff wieder nach der Kaffeetasse.
Zimmer 8: Bau- und Grundrechtsfragen. Dr.
Millner, Amtsgerichtsrat a. D.

Er war weißhaarig, schlank und groß. Zum hellen Sommeranzug trug er eine lichtgelbe Krawatte. Riesige Grünpflanzen auf dem Fensterbrett verdeckten den Blick in die Straßen. An klaren Tagen mußte man von hier aus die Berge sehen können. Dr. Millner stand auf und schob Joschi einen Stuhl vor den Schreibtisch. Er lehnte sich im Sessel zurück und las den Kaufvertrag zweimal, dreimal. Er lächelte, beugte sich vor und faltete die Hände auf der Tischplatte.
„Kinder können noch keine Verträge abschließen", sagte er. „Deine Mutter oder dein Vormund könnten natürlich für dich ein Grundstück kaufen, auch für eine Mark, wenn es so etwas gäbe. So ist dies nur ein Stück Papier. Herr Allemann hat es gewiß gut mit dir gemeint und dir eine Freude machen wollen. Aber als Geschäftsmann konnte er das Angebot unserer Gesellschaft nicht deinetwegen ausschlagen. Wenn du erwachsen bist, wirst du das alles verstehen. Natürlich ist es sehr traurig für dich, daß du deinen schönen Garten wieder hergeben mußt. Ändern läßt sich nichts daran. Aber du bist doch ein vernünftiger Junge, Joschi!"
„Auf Wiedersehen", sagte Joschi und ging hinaus.
Er las die Schilder an den Türen der anderen Zimmer.
Zimmer 4/5: Bauleitung. Zabel, Bernhard, Kö-

berle, Bauingenieure. Fräulein Dietrich, technische Zeichnerin.

Joschi klopfte an, er sagte, was er überall gesagt hatte, und zeigte seinen Kaufvertrag. Er redete leise und stockend und sah niemanden an. Alle standen um ihn herum.

Einer zog gleich den weißen Kittel aus und schwenkte ihn in der Luft. „Leute!" rief er. „In der Mörikestraße wird nicht gebaut! Werft die Pläne in den Papierkorb! Feierabend!"

„Und Allemann kommt in den Kasten! Hat sein Grundstück zweimal verkauft, toller Skandal!" rief ein anderer.

Fräulein Dietrich knickste vor Joschi und sagte: „Ach, lieber Herr Stritter! Könnten Sie mir nicht auch solch ein wunderschönes, billiges Grundstückchen besorgen? Aber bitte nicht mit Spaten, lieber mit Schwimmbad!"

Nur einer sagte: „Laßt das doch! Ihr bringt den Jungen ganz durcheinander. Natürlich bauen wir, Joschi. Schade um deinen schönen Garten. Ich habe ihn nämlich schon gesehen, heute morgen, als die Leute vom Katasteramt mit der Vermessung anfingen. Aber, hier — sieh die Pläne. In den nächsten Tagen kommt der Bagger, und ehe es Winter wird, steht der Rohbau."

„Vielleicht möchten der Herr sich für eine Wohnung dort vormerken lassen?" fragte Fräulein Dietrich. „Was darf es sein? Eine Vierzimmer-

wohnung mit Südbalkon oder ein Junggesellenappartement mit Bad und Kochnische? Die Kollegin in Zimmer zehn gibt Ihnen gewiß gern Auskunft!"
Krachend schlug die Tür hinter Joschi zu.
Und wieder der lange Gang, nach Bohnerwachs duftend, Schreibmaschinengeklapper hinter den Türen, das Surren des Aufzugs. Abseits, ganz im Dunkeln, gab es eine kaum benutzte Treppe. Man konnte von hier aus die Tür zu Zimmer zwei sehen. „Direktion" stand auf dem weißen Schild.
Eng an die Geländerstäbe gedrückt, saß Joschi auf den steinernen Stufen. Die Tür zu Zimmer zwei öffnete sich nicht. Niemand ging hinein, niemand kam heraus. Joschi wartete.
Plötzlich wurde es unruhig im ganzen Haus. Türen schlugen, Stühle wurden gerückt, lauter tönten die Stimmen, das Schreibmaschinengeklapper hörte auf.
Zuerst ging Herr Bierich nach Hause, in grauem Mantel, den gerollten Schirm unterm Arm.
Frau Riem und Fräulein Dietrich gingen zum Waschraum und kamen mit frischgekämmtem Haar und roten Lippen wieder heraus.
Dr. Millner ging mit Herrn Zabel, Herrn Bernhard und Herrn Köberle zum Fahrstuhl.
Drei Putzfrauen kamen von der anderen Seite des Ganges mit Eimern, Staubsaugern und Besen.

„Feierabend!" riefen sie und trieben zwei Mädchen und einen jungen Mann aus Zimmer drei.
Sie rissen alle Türen auf, auch die zum Direktionszimmer. Joschi lief die Treppe hinunter.
„Ist niemand mehr da?"
„Zu wem wolltest du?"
„Zum Chef, zum Direktor."
„Herr Braubach kommt immer nur vormittags. Jetzt wird hier geputzt. Geh nach Hause, Kleiner."

Der Bagger

Von diesem Tag an tat Joschi nichts mehr in seinem Garten.
Er jätete kein Unkraut von den Beeten, er schnitt die Wiese nicht, er zündete kein Feuer an im Gartenherd. Wohl ging er immer noch jeden Tag einmal hinaus, und oft stand er lang vor den Blumeninseln und sah, daß die Sommerastern aufblühten und im zarten grünen Kelchgespinst die himmelblauen Blüten von „Gretchen im Grünen"; er sah, wie der Goldmohn — „Schlafmützchen" nannte auch der Flabes ihn — am Morgen seine leuchtend gelben Schalen öffnete und wieder zu spitzer Tüte zusammenrollte, sobald die Sonne von der Lichtung wich. Joschi blieb niemals lang. Der Flabes kam einmal; weil aber Joschi nur stumm und mit trüber Miene in der Hütte saß, ging er bald wieder fort. Den Wachtmeister sah Joschi in dieser Zeit überhaupt nicht. Er achtete darauf, daß er nicht mehr im Garten war zu der Stunde, in der Wachtmeister Möller meist kam.
Er schlenderte durch die Stadt, ließ sich, wie früher, in den Kaufhäusern von der Rolltreppe durch die Stockwerke voller Waren und Menschen tragen, sah in den Anlagen fremden Kindern beim Spielen zu oder saß, wenn es regnete, im Bahnhofskino.
Eines Tages fand er einen Zettel in der Hütte:

„Bitte sofort zum Revier kommen. Gruß Möller."
Er ging nicht zum Revier. Er fuhr zum ersten Mal wieder in die Vorstadt hinaus, zu den schönen Häusern in den großen Gärten. Dort, wo er im Frühling einer fremden Frau von seinem Traumgarten erzählt hatte, stand er lange am Zaun. Der Rasen stand hoch, die Rolläden am Haus waren geschlossen. Dunkelsamtrote Rosen blühten am Zaun.

Joschi ging zurück zur Autobushaltestelle, und wie damals kaufte er Keks und Limonade an der Trinkbude.
„Ihr habt es gut, ihr Kinder. Ihr habt jetzt Ferien", sagte der Mann.
Joschi nickte nur.
„Morgen soll das Wetter besser werden."
„So?"
Hastig trank Joschi die Flasche aus und ging zu Fuß zur Stadt.
Er ging am Tag darauf erst gegen Abend in die Mörikestraße.
Schon von weitem sah er, was geschehen war.
Es gab keinen Zaun um seinen Garten mehr. Alle Büsche und Bäume an der Straßenseite waren abgeholzt. In hellem Sonnenlicht lagen seine Beete, fröhlich bunt in leuchtenden Sommerfarben. Die erste Sonnenblume war aufgeblüht. Der mächtige Strahlenkopf schwankte im Wind.
Die Hütte stand noch, der Herd war ein wirrer Haufen von Steinen und Blech. Dahinter, am Nord- und Ostrand der Lichtung, fuhren Äxte ins Gehölz, kreischten Motorsägen. Man konnte zusehen, wie Meter um Meter der kleine Wald fiel.
Joschi sagte nichts. Er kletterte über einen Berg abgehauener Zweige und ging langsam auf die Blumenbeete zu.
„Hallo, Sportfreund!" rief einer der Männer,

die im Wäldchen arbeiteten. „Was willst du hier? Hast du das Schild nicht gesehen?"
Joschi blickte sich um. Quer über der Ecke an Lessing- und Mörikestraße stand riesengroß und schneeweiß ein Schild, mit schwarzen Lettern beschrieben:

„GUTES DACH
baut hier ..."

Zwei kleinere Schilder daneben:

„Baustelle!
Betreten verboten!"

und:

„Eltern haften
für ihre Kinder!"

Joschi las die Schilder, nickte und ging weiter.
Noch lagen seine Beete ganz unberührt. Niemand war daraufgetreten, niemand hatte eine Blume gepflückt. Aber inmitten der Wirrnis von abgeschlagenen Ästen, flüchtig zusammengerolltem, rostigem Draht, von zertrampeltem Gras, in dem Bierflaschen und Zeitungsfetzen lagen, nicht mehr überdacht von wehenden Zweigen, nicht mehr eingeschlossen in grüne Waldbuchten — wie kümmerlich sahen sie aus!
Dies war kein Garten mehr.

Ein anderer Arbeiter rief: „Lesen kannst du wohl noch nicht? Betreten verboten!"

„Ja", sagte Joschi. Er bückte sich und zupfte eine welke Blüte ab.

„Vielleicht weiß er, wem die Blumen gehören?" fragte einer.

„Ja", sagte Joschi.

„Dann geh zu den Leuten und sag ihnen, sie sollen das Zeug holen. Heute abend wird der Bagger gebracht, und morgen ist hier nur noch ein großes Loch."

„Ja", sagte Joschi.

„Weg da!" rief einer. „Wir legen jetzt die Buche um!"

„Aber doch nicht auf die Blumen!" rief Joschi.

„Man kann nicht wissen, wie sie fällt. Pack dich! Du hast hier nichts zu suchen!"

Von der Straße aus sah Joschi zu, wie sie die Buche fällten. Er stand zwischen den Leuten, die im Vorübergehen stehengeblieben waren. Der Baum stürzte mit krachendem und rauschendem Geäst.

„Das muß ein wunderbarer Garten gewesen sein", sagte jemand.

Joschi ging nach Hause. Er sah sich nicht mehr um.

Er stand am Küchenfenster und blickte über Dächer und Mauern. Nun waren keine wehenden grünen Zweige mehr zu sehen.

Aber es war zu sehen, wie sie den Bagger brachten, das Ungetüm mit schmutzig-gelbem Leib, mit riesiger Freßzange. Ein Polizeiauto fuhr voraus. Es hielt an der Ecke. Wachtmeister Möller und einer seiner Kollegen stiegen aus und stoppten den Verkehr.
Joschi ging in sein Zimmer, warf die Schulbücher aus dem Ranzen und tat Handwerkszeug hinein: Den Fuchsschwanz, den Hammer, die Beißzange.
Bald danach kam die Mutter.
Beim Abendessen sagte sie: „An der Mörikestraße wird jetzt gebaut, gerade dort, ..."
„Ich weiß", sagte Joschi. Und dann erzählte er von einer Nachbarin, die er auf der Straße getroffen hatte, redete vom Wetter, von einem Zeitungsbericht über ein Erdbeben, und wieder vom Wetter, wieder von der Nachbarin.
Die Mutter ging an diesem Abend spät zu Bett. Sie saß am Fernsehapparat, während Joschi im dunklen Zimmer auf seinem Bett lag. Er hatte sich nicht ausgezogen. Die Musik drang mit dumpfem Stampfen zu ihm herüber. Es schlug zehn von der Turmuhr, es schlug halb elf.
Endlich wurde es still drüben. Schritte auf dem Vorplatz, ein Lichtstreif an der Tür.
„Schläfst du?" flüsterte die Mutter. Und wieder Dunkelheit. Nun ging sie ins Badezimmer. Ein Zahnglas klapperte, Wasser rauschte, der Abfluß

gluckerte. Sie ging ins Wohnzimmer. Ein winziges Knacken — sie hatte das Licht gelöscht.
Kurz nach dem Elfuhrschlag stand Joschi auf. Er warf den Ranzen mit dem Werkzeug über die Schulter und schlich auf Strümpfen die Treppe hinunter. Die Wohnungstür hatte geknarrt, er wartete auf dem ersten Absatz und horchte. Bei Schürrelmeiers im Erdgeschoß wurde noch laut gesprochen.
Draußen vor der Haustür zog Joschi seine Schuhe an und ging im Schatten der Häuser bis zur Straßenecke. Ein Mann und eine Frau kamen vorüber, er versteckte sich in einem zurückliegenden Eingang.
„Ich mag diese aufregenden Filme nicht", sagte die Frau. „Bestimmt kann ich heute wieder nicht einschlafen."
„Wir trinken noch ein Glas Bier, wenn wir zu Hause sind", sagte der Mann.
Dann wieder die Frau: „Glaubst du, daß es wirklich soviel Grausamkeit und Ungerechtigkeit auf der Welt gibt?"
Und der Mann: „Aber die Landschaftsaufnahmen waren doch herrlich!"
Dann entfernten sich ihre Schritte und Stimmen.
„Es gibt schrecklich viel Ungerechtigkeit", flüsterte Joschi.
Er ging weiter. Er kam in die Mörikestraße und sah fernher das grüne Leuchtschild vom Polizei-

revier schimmern. Ein Auto kam vorüber, noch eins. Es bog in die Lessingstraße ein. Grellweiß fuhr das Scheinwerferlicht über das Schild an der Ecke.
Mit großen Sprüngen lief Joschi auf die andere Straßenseite, geduckt, den Ranzen fest unterm Arm. Und doch klirrten die Werkzeuge leis gegeneinander.
Dort stand der Bagger, den massigen Leib tief in die aufgewühlte Erde gedrückt. Der Greifarm lag im Schlamm, halboffen das gezähnte Maul. Joschi setzte sich auf die Raupenketten. Von der Hütte war nichts mehr zu sehen als der Fußboden mit den zersprungenen Platten. Auch das Reisig und die Baumstämme hatten sie schon fortgeschafft. Nur die Reste vom Drahtzaun lagen noch vor der Mauer zum Kohlenhof. Weiß schimmerten die Schnittflächen der Baumstümpfe im Licht der Straßenlaternen. Sogar die Jahresringe waren zu erkennen, viele Jahresringe. Die Blumen standen farblos und fahl im Schatten des Baggers.
Joschi zog seine Jacke aus, nahm den Hammer aus dem Ranzen und umwickelte ihn mit der Wolle. Irgendwo in der Ferne fuhr rasselnd ein leerer Lastzug. Joschi schlug zu, einmal, zweimal, dann splitterte die Scheibe am Führerhaus. Er griff nach innen, öffnete die Tür und kletterte auf den kalten Ledersitz. Es roch nach Schmieröl,

nach Metall. Mit beiden Füßen trat er gegen Hebel und Gestänge. Es bog sich und schnellte federnd zurück. Er griff unter das Schaltbrett und zerrte an einem Kabel. Glatt und kühl glitt es durch seine Hand. Er durchschnitt es mit dem Taschenmesser und bog die losen Enden unter das Schaltbrett zurück.

Durch die Lessingstraße ging eine Gruppe von jungen Leuten, sie lachten und sangen. Als sie vorüber waren, kletterte Joschi wieder ins Freie. Er tat das Werkzeug in den Ranzen und zog die Jacke an. Sterne standen am Himmel, er legte den Kopf in den Nacken und blickte hinauf. Langsam wanderte er um das kahle Geviert. Bei der Drahtrolle an der Mauer standen Stuhl und Kiste aus der Hütte, sogar der Heusack und der Teppich lagen dabei, und darunter alle Gartengeräte: Der Spaten von Herrn Allemann, die Sichel, der Rechen von Wachtmeister Möllers Schwiegereltern, die neue, selbstgeschnitzte Heugabel und der Gießkanneneimer vom Flabes. Nichts davon nahm Joschi mit.

Auf dem Nachhauseweg gab er sich keine Mühe, sich zu verstecken. Er ging schnell, mit gesenktem Kopf, beide Hände in den Hosentaschen, den Ranzen schräg über der linken Schulter. Niemand begegnete ihm.

Er zog noch nicht einmal die Schuhe aus, als er die Treppe hinaufging. Nur als er die Wohnungstür aufschloß, hielt er den Schlüsselbund fest, damit er nicht klirrte.

Er schlief nicht in dieser Nacht. Unbewegt, mit offenen Augen lag er im Dunkeln und hörte von Stunde zu Stunde die Turmuhr schlagen. Lautlos flüsternd bewegte er die Lippen.

In der Morgendämmerung stand er auf, wusch sich und deckte den Frühstückstisch in der Küche. Als die Mutter aus ihrem Zimmer kam, war der Kaffee schon gekocht. Er sei schon früh wach gewesen, sagte Joschi.

„Bist du krank?" fragte sie. „Du siehst schlecht aus. In der letzten Zeit warst du viel stiller als sonst. Gestern abend hast du zum ersten Mal wieder etwas erzählt. Ich wollte, ich hätte mehr Zeit für dich."

Sie fuhr ihm mit der Hand durchs Haar. Er zuckte zusammen und hielt den Kopf steif.

Er brachte sie zur Autobushaltestelle. Das hatte er früher oft getan, nun aber schon lange nicht mehr. Unterwegs gab sie ihm Aufträge für Besorgungen. Er wiederholte alles, was sie aufzählte. Nein, er würde nichts vergessen.

Als der Autobus schon kam, sagte er: „Ich muß dir etwas erzählen. Bist du heute abend zu Hause?"

Sie sagte: „Max kommt heute abend", und sie wurde rot dabei und zog die Handtasche enger an sich.

Joschi nickte. „Das ist gut", sagte er. „Max soll

mit anhören, was ich dir sagen muß. Er soll alles wissen, wenn er nächstens mein Vater wird. Und vielleicht hilft er mir. Ich möchte einen Vater haben, der mir hilft."

„Joschi!" rief sie und sah ihn erschrocken an und lachte doch dabei. Sie wollte ihn festhalten, aber er drängte sich zwischen die Menschen, die an der Haltestelle standen, und lief davon. Sie winkte mit beiden Händen und nickte und lachte, als der Bus an Joschi vorüberfuhr. Er sah auf und nickte auch und lächelte.

Er ging zum Polizeirevier.

Wachtmeister Möller kam vom Hof herein, als Joschi die Tür öffnete.

„Aha!" sagte er und blickte Joschi nicht an.

„Ich muß Sie sprechen."

„Du brauchst nicht viel zu sagen. Ich bin an der Baustelle vorübergekommen."

„Ich war's. Ich habe den Bagger kaputtgemacht. Ich will den Schaden bezahlen. Und dann muß ich wohl auch bestraft werden. Heute abend spreche ich mit meiner Mutter." Er sah zum Fenster hinaus. „Und mit dem Mann, der mein Stiefvater werden soll."

„Gut so", sagte Wachtmeister Möller. „Gut so, Joschi." Er öffnete das Fenster. „Hörst du?"

Der Bagger stampfte und dröhnte.

„Das Haus wird gebaut. Du kannst nichts dagegen tun."

„Ich weiß", sagte Joschi. „Ich habe keinen Garten mehr."

„Deine Gartengeräte stehen draußen im Hof. Ich habe sie mitgebracht."

„Danke", sagte Joschi. Er beugte sich weit aus dem Fenster und horchte mit geschlossenen Augen. „Vielleicht werde ich Gärtner, später, wenn ich groß bin."

„Ja", sagte Joschi. „Vielleicht werde ich Gärtner, später, wenn ich groß bin."

„Heute bist du ein Stück gewachsen", sagte Wachtmeister Möller. „Und nun mach endlich die Augen auf! Sieh, wer da kommt!"

Ein Junge kam die Straße herauf. Man sah nicht viel von seinem Gesicht, nur zwei rote Ohren, die leuchteten hinter einem Riesenstrauß von Sommerastern und Kornblumen, von Goldmohn und Ringelblumen.

„Joschi!" rief er. „Joschi, deine Blumen!"

„Der Flabes, mein Freund Flabes!" flüsterte Joschi.

RTB Kinderliteratur

RTB 566 ab 10

RTB 1533 ab 10

RTB 1563 ab 10

RTB 1567 ab 11

RTB 1595 ab 12

RTB 1620 ab 10

Ravensburger TaschenBücher